U0642864

机灵姐的 青春期大吐槽

机灵姐 灵妈 ◎ 著

2 沟通好难吐槽大会

北京科学技术出版社
100层童书馆

图书在版编目（CIP）数据

机灵姐的青春期大吐槽. 2，沟通好难吐槽大会 / 机

灵姐，灵妈著. -- 北京 ：北京科学技术出版社，2025.

ISBN 978-7-5714-4693-2

Ⅰ. G444-49

中国国家版本馆CIP数据核字第2025DS9298号

策划编辑：代　冉　张江南
责任编辑：代　冉
营销编辑：王　喆　郑宇秋
责任校对：贾　荣
封面设计：YASU 工作室
插图创作：野蛮小犬　陈海莹
图文制作：天露霖
责任印制：李　茗
出 版 人：曾庆宇
出版发行：北京科学技术出版社
社　　址：北京西直门南大街 16 号
邮政编码：100035
电　　话：0086-10-66135495（总编室）
　　　　　　0086-10-66113227（发行部）
网　　址：www.bkydw.cn
印　　刷：北京顶佳世纪印刷有限公司
开　　本：880 mm × 1230 mm　1/32
字　　数：128 千字
印　　张：8.75
版　　次：2025 年 7 月第 1 版
印　　次：2025 年 7 月第 1 次印刷
ISBN 978-7-5714-4693-2

定　　价：88.00 元

京科版图书，版权所有，侵权必究。
京科版图书，印装差错，负责退换。

北科读者俱乐部

目 录

1

第三章　关于心动这件小事

第四章　怎么没人告诉我，与人相处竟这么难？

第五章　我正在学习学习方法，勿扰！

第一章

我和最爱的你们

这么近，
却又
那么远

我就想问句话，
结果变成了
教育大会！

吐槽大会

姐妹们，你们有没有遇到过"一句话引发的惨案"？

当你小心翼翼地试探："妈，我想去看×××的演唱会……"

妈妈却像被触发了某种机关，瞬间切换到"人生导师模式"：

"你学习都学明白了吗？考卷上的填空题还没做完呢，就想着去看演唱会了？"

"演唱会门票那么贵，你花钱这么大手大脚的，知不知道爸爸妈妈挣钱多不容易！"

"那么多人挤在一起，你要是被踩到了怎么办？"

你试图解释："可是×××的歌真的很治愈啊！"

结果爸爸也来"补刀"：

"在手机上听不一样吗，非要去现场瞎嚷嚷？"

更夸张的是，话题总会一路狂奔到"如何规划人生""将来高考后，你选专业的标准应该是什么"……

最后，你抱着手机崩溃地大喊："我只是想看一场演唱会，怎么扯得这么远？！"

支招时间到

别着急，沟通不是辩论赛，而是"精准对话"的艺术。

其实，爸爸妈妈之所以开"教育大会"，是因为担心你冲动消费、遇到危险或学习受到影响。

抓住他们的顾虑，提前准备好应对方法，才能让对话回归正题。

预判雷区，主动扫除

错误示范

"妈妈，我想去看演唱会！"

（直接提出需求，会触发爸爸妈妈的焦虑模式）

正确示范

"妈妈，演唱会在周六晚上，我已经规划好了学习时间，不会耽误学习。我和×××一起去，位置很安全，结束后×××的家长来接我们。保证在晚上10点前回来。"（提前解决时间、学习和安全问题）

用数据说话，代替情绪对抗

★ **收集信息**

提前查好票价，证明自己有合理的消费计划，不会乱花钱。展示安保信息，证明演唱会是正规的，不存在安全隐患。

★ **对比战术**

"我这次买的是便宜的票，性价比超高！"（制造落差感）

"××也去看演唱会，她可是年级第一！"（减轻爸爸妈妈的焦虑）

设定"防跑偏"结界

★ **时间限制**

"爸爸妈妈，给我5分钟讲完想法，然后你们再指导我，行吗？"（防止对话超时）

★ **话题分割**

"我们先讨论演唱会，人生规划的那些事，等我上了大学再聊好不好？"（避免对话"升级"）

终极妥协术

★ **阶段性目标**

"如果这次期中考试我进步 10 名，你们就让我去，可以吗？"（用成绩换自由）

★ **风险对冲**

"如果这次玩得不开心，或者影响了学习，下次我就不去了！"（给爸爸妈妈台阶下）

与其直接"硬刚"，不如通过提前准备和理性沟通的方式，说服爸爸妈妈，从而达到自己的目的。

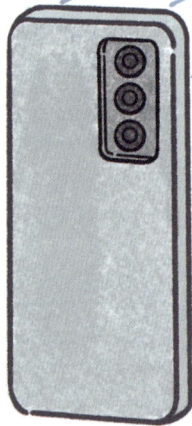

灵妈的知心话

宝贝们，爸爸妈妈的"教育大会"其实是一封"情书"。

只是这封"情书"常常被裹在焦虑这张"信封"里——他们怕你受伤，怕你荒废学业，怕你跌倒在人生的重要关卡前。

下次遇到话题跑偏的情况，你可以试着在心里默念"他们唠叨不是否定我，而是太想保护我了"，然后深呼吸，用撒娇破冰：

"知道啦！您女儿这么聪明，看演唱会也不会影响学习！要不咱们打赌？"

你不需要说服父母支持你所有的想法，而是要让他们安心。

当他们觉得你既有主见又有分寸，那些"教育金句"自然会变成"信任勋章"！

拜托，别总拿
"别人家的孩子"
来攻击我！

吐槽大会

　　姐妹们，是不是每次成绩单一发下来，家里就会开"别人家的孩子"的表彰大会？

　　当你数学考了 90 分，满心欢喜地递上试卷，妈妈却眉头一皱："佳佳这次考了 95 分，人家每天学习到半夜，你呢？"

　　爸爸也来凑热闹："你王叔的儿子拿了机器人竞赛冠军，你连个乐高都拼不明白！"

　　救命！"别人家的孩子"是住在咱家天花板上的幽灵吗？

　　他永远成绩优异、才艺满分、懂事听话，甚至能每天只睡 4 小时还精神抖擞！他真的不是 AI 吗？！

　　你忍不住反问："那你们怎么不当'别人家的父母'？"

　　爸爸妈妈瞬间气炸了："我们辛辛苦苦养你，你还敢顶嘴？！"

　　难道我的存在只是为了给"别人家的孩子"当参照物吗？

支招时间到

如果说爸爸妈妈的比较是"爱的魔咒",那么,解开魔咒的法宝就在你的手里!

只需掌握几个方法,就能轻松解开"别人家的孩子"这个魔咒,让爸爸妈妈看到你的独特之处。

反向对比法:用魔法打败魔法

场景 当爸爸妈妈提到"×××又考了第一"时。

话术 "是啊,听说×××的妈妈天天陪她刷题到晚上12点,您要是也能当全职家教,我明天就通宵学习!"(眨眨眼,半开玩笑半认真)

效果 让爸爸妈妈意识到"别人家的孩子"背后可能有他们做不到的牺牲,同时暗示他们,你需要更多支持而非压力。

制作"专属成就清单"

★ **操作指南**

在手机备忘录里记录你取得的小成就：

"今天主动给同桌讲题""坚持跑步一周没偷懒""画的漫画被同学夸赞"……

★ **假装不经意地提起**

"妈妈，我今天被老师表扬乐于助人了！您说我是不是遗传了您的善良基因呀？"

★ **原理**

用具体事例打破"唯分数论"，让爸爸妈妈看到你身上的闪光点。

家庭会议：给"别人家的孩子"举行一个告别仪式

打印有关"别人家的孩子"的新闻，比如某"神童"压力过大导致抑郁的报道。

发言稿模板

爸爸妈妈：

　　我知道你们希望我变得优秀，但你们每次提到"别人家的孩子"，我都觉得自己像个失败者。其实我也有很多优点，比如……（列举你的三个优点）如果你们能多夸夸我，我可能会进步得更快哟！

终极反问技能

当爸爸妈妈说："你看看人家！"

你可以回答："那你们希望我成为别人的复制品，还是独一无二的我呀？"

如果爸爸妈妈沉默，你立刻补一句："我知道你们爱我，但我也需要被认可呀！"

我们也要明白，爸爸妈妈拿你和"别人家的孩子"比较并不是否定你，而是担心你落后。

学会沟通并展示自己的优点，或许能让他们看到真正的、优秀的你，而不是"别人家的孩子"。

灵妈的知心话

　　宝贝们，灵妈曾经也是"别人家的孩子"的受害者。

　　当灵妈自己也成为妈妈之后，我才终于明白，爸爸妈妈总夸"别人家的孩子"，不是他们不爱你，而是他们太想你也那么好，只是没想到说出来的话反而伤了你。

　　其实，没有哪个孩子应该活成别人的样子。你不是商品，不需要和任何人比价。你就是你，无须成为他人眼中的完满月亮。不是每个人都要拿第一名，不是每个人都要上台领奖。

　　你会因为解不开一道数学题而哭鼻子，但擦干眼泪后会继续死磕；你画的漫画也许不够精致，但每一格都藏着天马行空的想象。你有权利不完美，有权利不被"别人家的孩子"裹挟，更有权利在不被定义的空间里成长为自己想要的样子。

　　下次听到"别人家的孩子"，你可以试试笑着对爸爸妈妈说："别人家的孩子再好，也是别人家的呀！你们家的孩子——也就是我——会永远爱你们，这一点他们可比不了！"当你用温柔包裹锋芒，父母的比较也会悄悄融化在笑容里。

爸爸妈妈总爱翻旧账，每次吵架都搬出我的黑历史！

吐槽大会

姐妹们，你们有没有经历过那种"考古式吵架"？

你因为忘带钥匙被关在门外，不得不等妈妈回来开门。到了晚上，妈妈就开始翻旧账：

"上次你把作业落在学校了！上上次你弄丢了公交卡！上上上次……"

爸爸立刻"补刀"："你3岁时打碎花瓶，5岁时还在尿床，7岁时忘关水龙头把家淹了……"

救命啊！你只是忘带钥匙了，怎么连尿床的事情都被搬出来了！

当你试图解释，爸爸妈妈"尘封的记忆"就会被进一步激活：

"你现在顶嘴的样子和去年顶撞老师时一模一样！"

"上次你也说会改，结果呢？"

唉，明明只是忘带一次钥匙，最后却变成了"黑历史发布会"！

你气得跑进卧室摔上门，在心里怒吼："为什么他们记得比我在日记中写的还清楚？！"

支招时间到

其实，旧账不是你的罪证，而是爸爸妈妈的"焦虑密码"。

他们不停地翻出你过去犯的错误，不是为了揪住不放，而是怕你再犯。

不过，一味地提及过去解决不了眼前的问题。学会下面这几招，让沟通回归当下！

在爸爸妈妈开始翻旧账时，友好地按下暂停键：打断记忆回放

话术模板

"爸爸妈妈，我知道你们担心我犯同样的错误，但以前的事我已经知道错啦，我没有再犯过一样的错误！这次的问题是不一样的，咱们就只说这次的事，好吗？"

动作配合

做暂停手势。

在承认错误后，和爸爸妈妈订立"封存协议"：说好了，以后就不再提了！

家庭会议提案

准备一个"黑历史封存盒"，写下想封存的旧账并扔进去。

和爸爸妈妈约定："除非我主动提起，否则一年内不许再翻这些旧账。"

仪式感加成

用火漆印章封盒，并严肃声明："历史问题已存档，以后请查收新版本的我！"

反向"记忆覆盖术"

主动制造新记忆点

每次做了好事立刻"邀功"："妈妈，我今天主动帮奶奶提菜了，快记入家庭光荣榜！"

当爸爸妈妈下次翻旧账时，就可以触发这条关键记忆

"你们总是记得我的'黑历史'，却忘了我上周还帮奶奶提菜了！"（委屈表情＋撒娇语气）

终极绝招：幽默化解

当爸爸妈妈说："你上次的错误我还记得呢！"

你可以这样回答："啊！原来我的人生是连载小说，您二老是忠实读者啊！那要不要订阅我的'改过自新'特别篇？"

相信我，我们要学会用幽默稀释火药味，这样，爸爸妈妈就会想起翻旧账并不是他们的本意，他们只是想和你一起解决这个问题而已。

用行动改变自己

成长是一个持续更新的过程，而不是一本翻不完的旧账。

爸爸妈妈喜欢翻旧账并不是真的想和你吵架，而是害怕你重蹈覆辙。

所以，与其纠结怎么改变他们，不如行动起来，让他们看到你的改变。

灵妈的知心话

宝贝们，父母翻旧账的瞬间，其实是他们最无助的时刻。

就像面对碎了一地的玻璃杯碎片，他们手忙脚乱地想拼回原样，却是白费工夫，只能笨拙地大喊："你看！上次杯子就是这么碎的！"

他们不是故意要揭你的伤疤，而是害怕眼前的问题会像过去的错误一样，成为你人生路上又一个"危险标记"。

所以，他们才会不断拿你过去的失败来提醒你，哪怕这种提醒常常让你想翻白眼。可成长的路不是看着后视镜走的，他们手中的旧账再厚，也无法定义新的你！如果你能用行动证明自己，让他们看到你的改变，他们自然会愿意相信你正走向更美好的未来！

哈 哈
哈 哈
哈 哈哈

怎么办？
爸爸妈妈对我的
隐私毫无概念！

吐槽大会

姐妹们，你们有没有经历过那种"隐私大劫案"？

比如，你在日记本上写下"今天和闺密吵架了，好难过……"，第二天妈妈就旁敲侧击："和朋友闹矛盾了？要不要妈妈出面调解？"

当你反锁房门想安静地写作业时，爸爸突然用备用钥匙打开门："锁什么门？你是不是在偷偷玩手机？！"

全家出游时，妈妈当众翻你的书包找纸巾，结果你的小秘密——用零花钱偷偷买的漫画书就这么掉在了大家面前。

救命！我们的生活难道是 24 小时真人秀吗？

每次你试图抗议的时候，爸爸妈妈的经典台词又会准时上线："什么叫你的隐私？我是你的家长，看看怎么了？""小孩子要什么独立空间？我们这是关心你！"

你刚收到一条微信消息，爸爸就探头来看："谁发来的？男同学还是女同学？发什么了？让我看看！"

啊啊啊啊啊！难道我连呼吸都需要向爸爸妈妈报备吗？！

支招时间到

对青春期的我们来说，隐私不是叛逆的借口，而是成长的"刚需"。

我知道，你并不是想刻意隐瞒什么，只是还没有做好公开内心想法的准备。

不过，我们也要理解爸爸妈妈为什么总是对我们的隐私感兴趣——他们只是想要更了解你。偶尔，他们也需要我们跟他们沟通，告诉他们该怎么做才能让我们的小家更温暖。

试试下面这几种方法，帮爸爸妈妈建立边界感。

利用"物权"建立初级防线

物品归属声明

"我的日记本、手机、书包是我的'私人财产'，就像你们的钱包一样，需要经过同意才能查看哟！"

实体化隐私符号

在日记本封面贴上"机密档案，禁止开封"的贴纸；在房门上挂"充电中，请敲门"的卡通挂牌。

换位体验教学法

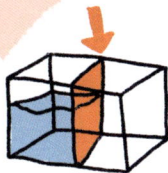

★ **情景模拟**

翻看爸爸的手机相册并提议："爸爸，这张自拍照的角度好奇怪，我帮您删了吧？"

在妈妈卷头发时"不小心"走进房间、路过镜子前："妈妈，这个发型不好看！"

★ **关键台词**

"是不是有点儿不舒服？这就是你们随便看我的手机、进我的房间时我的感觉呀！"

阶梯式放权谈判

新手协议："我保证每天主动分享三件校园趣事，来交换房门不被突然打开。"

进阶条款："如果我连续一周作业得 A，请允许我周末在房间里待着，我需要'关机'两小时。"

终极目标："当我用行动证明自己能对自己负责，请给我一个可以上锁的抽屉！"

尊重我的小秘密！

科技助力"隐私保卫战"

手机防窥膜

可视角以外完全黑屏，物理隔绝窥屏视线。

密码管理术

日记本的密码用爸爸妈妈的生日——"看，我把最重要的密码都告诉你们了，也请你们相信我的自觉性！"

共享日程表

在家庭群公布你的日程表，用透明度换取信任。

灵妈的知心话

宝贝们，灵妈知道你们的委屈，那种毫无隐私的感觉简直糟透了。

但请你相信，爸爸妈妈的越界行为背后，藏着一颗想保护你的心。咱们不如试着把这场"隐私保卫战"变成温暖的亲子游戏。

给爸爸妈妈发"观察员证书"："这周，你们都很尊重我的隐私，就像科学家观察星星那样保持着安全距离，特此感谢！"

设立"树洞时间"。每周留出 15 分钟主动分享秘密："妈妈，告诉您一个秘密，我最近……"

用成就兑换自由。当你保持书桌整洁、自觉减少手机使用时间时，你可以适时提出要求："这样的我可以拥有一个私人抽屉吗？"

要知道，获取独立不是一蹴而就的，而要日复一日用行动来织就信任之网。

当你既有孩童的真诚，又有大人的担当，爸爸妈妈会惊喜地发现，那个需要全程监护的小娃娃早已成长为值得尊重的小战士啦！

再说一遍！
我已经不是３岁
小孩了！

吐槽大会

姐妹们，你们有没有经历过那种梦想被否定的瞬间？

你兴奋地说："我想当插画师，以后画治愈系绘本！"

妈妈立刻皱眉："画画能当饭吃？还是当会计稳定！"

爸爸继续"补刀"："你表姐就是学艺术的，现在在家啃老！"

你试图解释："现在画插画很赚钱，我可以接单……"

话还没说完，妈妈就切换到"人生规划大师模式"："别异想天开了！我们单位张阿姨的女儿去大学当老师，多安稳啊！"

爸爸又说："我们吃的盐比你吃的米还多，听我们的准没错！"

可是……我只是想聊聊梦想，怎么就被塞进"人生标准答案"的模板里了？

更扎心的是，当你向爸爸妈妈展示精心制作的梦想规划 PPT 时，他们只是扫一眼就说：

"净搞这些没用的，有这时间，不如多做两套卷子！"

难道在父母眼里，我永远是个需要大人牵着走的小孩吗？

支招时间到

别着急，别着急！

如果你只会争辩，爸爸妈妈会觉得你叛逆。

如果你只会闷头生气，他们更无法明白你到底想表达什么。

想让他们真正听进去，咱们既要有策略，又要有行动。

用成人式的对话破冰

时间选择

避开饭点和他们忙碌的时候，郑重其事地说："爸爸妈妈，周六下午三点，我想开个家庭会议聊聊未来。"

形象管理

穿上除校服以外的整洁衣服，用笔记本代替手机做记录，表情严肃、专注，展现大人般的认真模样。

给爸爸妈妈看看你的可行性梦想蓝图

★ **职业调研**

打开招聘软件，边浏览边认真思考：

社会上都有哪些职业？

哪些职业是我喜欢的？

哪些公司有我喜欢的职位？

要得到那些职位，我需要有什么样的技能？需要有什么样的教育背景？

把调研结果讲给爸爸妈妈听，他们会刮目相看："啊，我们的女儿竟然有这么强的调研能力，果然长大了！"

★ **职业规划**

选定一个方向后，就可以想想，为了将来从事理想的职业，你需要做点儿什么？

假如，你想成为一名插画师，那你的职业规划书可能是这样的：

职业规划书

所需技能：会画插画，而且要画得很棒！

所需材料：插画作品集。所以平时要多练习画画，还可以通过接单积累绘画经验！

加分项：得过插画奖项、艺术类院校毕业。

时间规划：现在开始学画画→高二参加全国插画比赛→高三毕业选择艺术类院校→大学期间接商单、参加比赛、做个人插画账号积累作品→大学毕业后签约工作室。

跟爸爸妈妈分享你的职业规划吧，让他们看到你打算一步一个脚印为实现梦想而努力的意志！

★ **瞄准目标**

把你的"目标职位"介绍给爸爸妈妈后，让他们也在心里描绘你未来的样子。

职业方向	平均月薪	发展前景	成功案例	所需技能
插画师	1.5万~3万（资深）	绘本作者、漫画作者	百万粉丝画手×××	绘画、PS、运营

"尝鲜版"梦想体验

短期实践

利用周末接有偿头像约稿，并把第一笔收入给爸爸妈妈："看，这是我的能力证明！"

技能展示

给家人画卡通全家福，定制微信头像，展现自己的梦想："爸爸妈妈，这就是我想做的事，通过画画给人带来温暖！"

设立"有条件许愿"制度

有条件许愿

"如果我这次月考进步10名，请允许我周末参加插画培训班。"

"如果我的期末成绩保持年级前50名，暑假我想去上海参观插画展。"

风险对冲

"如果两年后我的作品集达不到××目标，我就乖乖备考××学校！"

其实，爸爸妈妈并不是否定你的梦想，他们只是希望用自己的经验帮你规划一条平坦的人生路线。

当你用行动告诉他们"我不仅有想法，而且有执行力"的时候，他们就会相信你的智慧、支持你的选择啦！

灵妈的知心话

　　宝贝们，灵妈完全懂你们的委屈，那种满腔热情被泼了冷水的感觉，就像精心烘焙的蛋糕被说"不如馒头管饱"。

　　但请记住，父母的质疑不是否定你，而是害怕你走弯路。

　　真正的成熟不是对抗，而是让父母看到你既有追梦的热情，也有应对困难的智慧。

　　当他们发现，那个曾经需要爸爸妈妈牵手过马路的小女孩已经能为自己的人生导航时，他们自然会慢慢松开双手。

　　爸爸妈妈一时的不理解不代表永远不会理解。

　　他们只是需要一些时间。当看到你的规划、你的努力、你的坚持，他们才会从"担心你不靠谱"，慢慢变成"放心让你去尝试"。

　　继续加油吧！

"都是为你好"
是真的为我好吗?

吐槽大会

姐妹们，你们有没有遇到过"灵魂考问"？

比如，你刚追完一部热血动漫，激动地跟爸爸妈妈分享剧情，结果他们眉头一皱：

"整天看这些没营养的东西，不如多做几套卷子！"

或者，你兴冲冲地宣布要加入街舞社，他们却泼冷水：

"跳什么舞？能考上清华、北大吗？"

最经典的是那句："我们都是为你好！"

难道为我好就一定要否定我吗？

明明只是想和他们分享快乐，结果却变成了一场"思想批斗会"。

更扎心的是，每次你试图解释时，爸爸妈妈就会使出"经典三连击"：

"你懂什么？我们吃过的盐比你吃过的饭还多！"

"等你长大就明白了！"

"现在不听我们的，以后后悔了别找我们哭！"

为什么爸爸妈妈总觉得自己是预言家，而我的想法只是幼稚的玩笑？难道代沟真的是一条跨不过去的银河吗？

支招时间到

别急着叹气！代沟虽然存在，但绝不是无解的难题。

今天咱们就来揭开"都是为你好"背后的真相，找到与爸爸妈妈和平共处的"通关秘籍"！

第一步：理解"都是为你好"背后的焦虑

★ **爸爸妈妈为什么总爱说这句话**

时代差异 他们成长的年代资源匮乏，稳定（比如好工作、高学历）是安全感的核心来源。

保护欲太强 他们怕你走弯路、受伤害，于是想要用自己的经验强行为你铺路。

沟通方式固化 他们可能从小受到的就是这样的教育，习惯了用这种方式对话，不懂得如何与孩子平等交流。

★ **举个例子**

妈妈逼你放弃美术班去补数学，不是觉得你画得不好，而是担心你的数学成绩。她的焦虑源于对现实的认知局限，并不是否定你的爱好。

第二步：用共情战术打破僵局

★ **战术 1：先听再说**

你可以试着对妈妈说："妈妈，我知道您是担心我将来没出息（共情），但我查过，设计师的收入很高（摆事实）。我想试试看，如果成绩下滑，我一定会调整的（承诺）。"

关键点：用事实和承诺代替情绪化对抗，让他们觉得你有规划。

★ **战术 2：让他们看见你的世界**

拉上爸爸妈妈一起看纪录片《艺术的力量》，顺便聊聊设计行业的前景。

教爸爸玩你喜欢的游戏，让他理解电竞不只是打打杀杀。

带他们去参加你所在社团的活动，让他们看到你的努力和热情。

★ **战术 3：请专家来助攻**

如果爸爸妈妈只相信权威，那你就搬出数据。

"爸爸，《中国就业发展报告》表明，未来 10 年创意行业可为 200 万人提供就业机会！"

第三步：明确底线，温柔而坚定

如果爸爸妈妈依然强势，你需要明确自己的底线。

用小让步换大空间

"我可以在周末多做两套题（让步），但下周三的社团活动我必须参加（坚持）。"

用行动证明自己

比如坚持一个月早起练舞，同时保持成绩不下滑，撕掉"玩物丧志"的标签。

爸爸妈妈以"都是为你好"的名义给出的建议并不意味着你要完全听从，你可以用理解化解争执，用行动换取信任。

当他们发现你不是任性，而是认真在思考自己的未来时，才会慢慢放手，让你去尝试！

灵妈的知心话

宝贝们，灵妈知道，跟爸爸妈妈"过招"真的太难了！

有时候，你只是想争取一点儿自由，他们却瞬间开启"人生导师模式"，讲到你怀疑人生。

其实，他们的"都是为你好"中藏着笨拙的爱。

他们可能不懂你的梦想，也可能控制欲太强，但那个偷偷塞给你零花钱、熬夜陪你复习的人，从来不是你的"对手"。

最后，灵妈想悄悄告诉你：

爸爸妈妈的认知也有限。

你可以理解他们的担忧，但不能被他们的想法困住。

当你学会用智慧沟通，而不是"硬刚"到底，那条代沟迟早会变成一座连接彼此的桥！

我也不想做
撒谎精啊！

吐槽大会

姐妹们，你们有没有经历过那种忐忑不安的煎熬时刻？

比如，明明是自己考砸了，却对爸爸妈妈说：

"这次题目超难，全班都不及格。"

或者，你偷偷买了喜欢的裙子，回家却谎称"这是同学送给我的生日礼物"。

最经典的是那句："妈，我真的没熬夜玩手机。"实际上，凌晨 3 点你还在刷剧。

唉！为什么每次说谎后，心里就像压了块大石头？一边懊恼"我怎么会变成自己讨厌的撒谎精"，一边又害怕坦白后迎来暴风雨——"爸爸妈妈知道真相后会骂我吧？""他们会不会再也不信任我了？"

更糟糕的是，撒谎就像滚雪球，一个谎要用十个谎来圆，最后连自己都分不清哪句是真话，哪句是谎言！

难道说真话的后果真的比撒谎更可怕吗？

谎言

支招时间到

别慌！撒谎后的愧疚感恰恰说明你是个懂得诚实可贵的孩子。

其实"谎言困境"不是不可破的，我们可以找到既能让自己解脱又不伤亲情的"坦白密码"。

第一步：先问自己为什么撒谎

★ **常见原因**

恐惧惩罚 比如考得不好，怕被没收手机、禁足。

逃避压力 爸爸妈妈的要求太高，一句"我尽力了"根本不够。

保护隐私 不想让爸爸妈妈知道自己的隐私。

维持形象 假装乖巧懂事，怕他们失望。

分析自己撒谎的原因，才是解决问题的根本。

毕竟，我们都不想做撒谎精，只是有时候害怕被责备或惩罚，有时候不敢面对自己内心的"小怪兽"，有时候想保守秘密……

相信我，做勇敢坦诚的大女孩并不难。

第二步：评估风险，选择坦白策略

★ **情况 1：无关紧要的小谎**

撒谎情景 谎称作业忘带了，其实是没写。

处理方式 主动弥补 + 幽默化解

话术模板

"妈妈，其实我昨天偷懒了，没写作业……但我今晚熬夜也会写完的！"（双手合十卖萌）

重点 用行动证明自己，让爸爸妈妈看到你的诚意。

★ **情况 2：涉及原则的大谎**

撒谎情景 成绩造假。

处理方式 坦白 + 道歉 + 解决方案

话术模板

"爸爸妈妈，有件事我隐瞒了很久，现在特别后悔……（低头）我知道错了，以后绝不会再犯。你们能陪我一起解决吗？"

注意 提前想好补救措施（比如将错题整理到错题本上），降低爸爸妈妈的愤怒值。

第三步：修复信任的长期计划

用微小承诺重建信用

比如，每天主动汇报学习进度，坚持一周不熬夜，让爸爸妈妈看到你的改变。

留出"真心话时间"

每周抽出 15 分钟和爸爸妈妈聊聊学校里的趣事，逐渐培养和爸爸妈妈坦诚相待的习惯。

接受"信任需要时间"

如果爸爸妈妈暂时冷脸，别灰心！信任就像玻璃杯，打碎后再黏合需要耐心。

灵妈的知心话

宝贝们，灵妈知道，坦白需要巨大的勇气。

但你知道吗？撒谎时的忐忑、圆谎时的疲惫远比挨骂更消耗你的能量。

爸爸妈妈得知真相后或许会生气，但他们永远愿意给你改过的机会。

诚实可能会带来短暂的暴风雨，但谎言会引发海啸。

犯错并不可怕，可怕的是用错误的方式掩盖错误。

与其遮遮掩掩，不如活得坦荡，爸爸妈妈更想看到一个真实的你。

这……真的
不好看吗？

吐槽大会

姐妹们，你们有没有遭遇过"审美暴击"？

比如，你穿着一条破洞牛仔裤兴冲冲地准备出门，妈妈瞬间拉下脸："这条裤子是被狗啃了吗？快去换了！"

或者，你买了一件无袖背心，妈妈直接开启"唐僧模式"：

"穿这么少像什么样子？着凉了怎么办？被坏人盯上了怎么办？！"

最经典的还是那句："你这穿的什么东西？不像话！"

天哪！我只是想穿得酷一点儿，怎么就成了"不良少女"？

明明是和闺密一起精挑细选的"战袍"，在妈妈眼里却成了"破烂儿"。

更扎心的是，每当你试图解释这是"潮流"时，妈妈就会甩出终极反问："潮流重要还是得体重要？"

难道我和妈妈的审美之间隔着一整个银河系吗？

支招时间到

别着急！穿衣自由和妈妈的爱其实并不冲突。

今天咱们就来解锁穿搭分歧的和平解决指南，让你美得自信，妈妈也看得安心！

第一步：搞清楚妈妈为什么反对

安全焦虑

怕你因为穿得暴露被人骚扰。

审美差异

穿破洞的裤子、露肚脐的衣服在她们眼里等于不正经。

社会压力

担心亲戚和邻居说闲话，比如，"你家孩子穿得花里胡哨的"。

健康担忧

觉得上衣太短会导致宫寒，穿短裙会冻着膝盖。

第二步：用"求同存异"战术破冰

战术 1：主动让妈妈参与穿搭

逛街时拉上妈妈："妈妈，您觉得这件 T 恤配哪条裙子好看？"

在试衣间拍对比照发到家庭群："母亲大人请投票，A 还是 B？"

心理学原理：让妈妈产生"决策参与感"，她会更包容你的选择。

战术 2：科学说服法

针对"露腰会宫寒"：

"妈妈，医生说宫寒和穿衣没关系，主要是体质问题。我保证不吃冰激凌，并且每天泡脚！"

针对"破洞不吉利"：

"你看明星走红毯时也穿破洞装呀，这叫'残缺美'，风水学上说能招财运呢！"（一本正经地胡说八道）

战术 3：场合分级穿搭

和妈妈约定：

居家/闺密聚会：自由发挥，露肩装、破洞裤随便穿。

家庭聚餐/走亲戚：听妈妈的，选低调款。

出去玩：折中方案，比如短裤换成阔腿裤，背心外加件外套。

★ 凭实力赢得信任

比如搭配一套被同学狂赞的 ootd（今日穿搭），趁机炫耀："妈妈，您看这是我搭配的，老师都夸我有创意！"

★ 反向"安利"妈妈

教她解锁新风格："妈妈，您这件衬衫配我的阔腿裤超显瘦。咱们拍张母女闺密照吧！"

★ 终极话术

"妈妈，我知道您是为我好，但穿搭是我表达自我的方式。我答应您会注意安全，您也相信我一次，好吗？"

灵妈的知心话

宝贝们，灵妈知道，穿衣不仅是布料的组合，更是青春的宣言。

妈妈们反对"潮流"穿搭，很多时候是因为她们被困在了自己的时代滤镜里。

但别忘了，她们也曾是少女，也曾被自己的妈妈吐槽"喇叭裤像扫把"！

如果你现在陷入想穿不敢穿的僵局，可以开个"母女时尚茶话会"。翻出妈妈年轻时的照片，和妈妈一起吐槽当年的潮流，比如杀马特发型、荧光色丝袜……笑着笑着就拉近了彼此之间的距离。

妈妈也会明白，你的翅膀需要一些独特的色彩，那可以让你有动力飞得更高。

偏心偏心！
我真的受够了！

吐槽大会

姐妹们，你们有没有经历过特别心酸的瞬间？

比如，明明是弟弟／妹妹摔碎了花瓶，妈妈却骂你："怎么不看好他／她？"

或者，全家出游时，爸爸全程只问哥哥／姐姐"累不累"，而你拎着大包小包跟在他们后面，像个透明人。

最扎心的还是那句："你是姐姐，让着点儿弟弟／妹妹怎么了？"

难道我生来就是"让让机器人"吗？

明明都是亲生的，为什么爸爸妈妈总是这么偏心？

更崩溃的是，每次你委屈到想哭时，还要被贴上"不懂事"的标签——

"你都多大了，还跟弟弟／妹妹争宠？"

"我们对你要求高，是因为爱你啊！"

天哪！为什么渴望被爱，却需要用忍让来交换？

支招时间到

别伤心，咱们先来看看这个例子：

你发现妈妈总给妹妹买裙子，却让你穿旧衣服。

真相可能是妹妹处于长身体阶段，原来的衣服很快就小了，而你的衣服还很合身。只是爸爸妈妈没解释清楚，让你误以为自己不受重视。

所以，在伤心之前，要先确认爸爸妈妈的偏心是事实还是误会。

第一步：分析偏心的情况

客观对比　在时间、资源、态度上，爸爸妈妈是否长期偏向另一方？

比如，弟弟有新手表，你只能用旧款；妹妹哭闹全家哄，你生病流泪却被说矫情。

情况差异　是否因年龄、性格差异导致爸爸妈妈的关注度不同？

比如，弟弟年幼需要照顾，姐姐备考压力大需要重点关注。

沟通误差　是否因表达方式不同，误以为爸爸妈妈偏心？

比如，爸爸妈妈对你严厉是因为要求高，而不是不爱你。

第二步：通过平和的沟通表达感受

话术公式

观察＋感受＋需求＋请求

参考案例

"妈妈，这学期您去给妹妹开了三次家长会，但我们班的家长会您一次都没来（观察）。我觉得很难过，好像我的努力没有被您看见（感受）。我也需要您的支持和鼓励（需求）。下次我们班开家长会，您能来吗（请求）？"

重点

避开指责：不说"您偏心"，而说"我需要您"。

选对时机：在爸爸妈妈情绪稳定时沟通，避免争吵。

主动分享校园趣事："爸爸，今天学校里发生了一件很搞笑的事情，您想听听吗？"

策划家庭活动："周末我来做早餐，到时候咱们拍张全家福吧！"

建立专属纽带：和爸爸约好"每周散步谈心"，和妈妈约定"母女闺密日"。

有时候，不是爸爸妈妈偏心，而是他们表达爱的方式与你想的不一样。

如果真的遇到不公平的事，咱们可以试着理性沟通，让他们听见你的声音，明白你的需求，感受到你的存在。

灵妈的知心话

宝贝们，偏心就像一根刺，不拔会痛苦，硬拔会受伤。

但你要知道，父母的精力是有限的，他们可能忙于生计，无意中忽略了你的感受，但这不等于不爱你。

偏心有时像镜子，你越觉得自己不受重视，越容易捕捉到偏心的细节，而忽略那些沉默的关怀。比如，爸爸偷偷往你的书包里塞零食，妈妈熬夜缝你的演出服的扣子。

如果你现在被委屈淹没，试试将自己的心声写在便利贴上，比如："爸爸，您上次夸我的作文写得好，我开心了一整天！以后您能多夸夸我吗？"

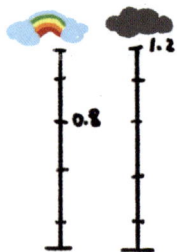

然后将便利贴贴在他们一下就能看到的冰箱或镜子上。

最后，送你一句悄悄话：

"星星从不嫉妒月亮的光芒，因为它们同样耀眼，而且独一无二。"

你也是哟！

与亲近的人
聊天，也需要
一些技巧！

吐槽大会

姐妹们，你们有没有经历过那种"把天聊死"的窒息时刻？

比如，你兴奋地说："妈妈，我迷上了一个脑洞超大、画风超棒的漫画家！"

妈妈却打击你："你迷上人家有啥用？人家又不认识你。"

或者，你给爸爸展示你做的手账，爸爸却开始说教："颜色一点儿都不和谐，你该学一学色彩搭配。"

爸爸妈妈，我们为什么不能好好地聊天呢？

明明是最亲的人，聊天却像在扫雷，一不小心就会被炸得遍体鳞伤。

久而久之，你也变得暴躁，本想好好地谈话，最后却总以"算了，说了你们也不懂"收场。

为什么和爸爸妈妈聊天总是这么难呀？

支招时间到

别放弃！别放弃！

聊天也是一门技术活，如果把"话术心法"用好了，再硬的墙也能敲出缝隙。

第一步：用高情商话术替代"雷区句型"

★ **爸爸妈妈最讨厌的聊天方式**

抱怨式："你们根本不理解我！"

对比式："佳佳的爸爸妈妈就支持她学街舞。"

威胁式："你们再管我，我就离家出走！"

★ **咱们可以这么说**

以共情开头："妈妈，我知道您担心我的成绩受影响（共情），但跳舞让我很快乐，我能保证不耽误学习（承诺），周末您去看看我的街舞演出好不好（邀请）？"

用事实佐证："爸爸，我做手账是为了练习排版、研究配色，这对将来学设计有帮助！您看，这是我做的班级海报（展示成果）。"

第二步：学会"接话三件套"

"嗯嗯"法

爸爸妈妈说教时，你边点头边回应："嗯嗯，我明白。""妈妈，您说得对！"先满足他们的表达欲。

提问术

把单向说教变成双向聊天：

"爸爸，您像我这么大时，最喜欢做什么呀？"

"妈妈，您当年和外婆吵架后是怎么和好的？"

吐槽变分享

把"你们根本不理解我"换成"妈妈，我给您讲一件超好笑的事情！今天我们班……"。

第三步：制造情感共振时刻

每日5分钟"彩虹屁"时间：

夸妈妈："妈妈，您的新发型显得您年轻了10岁！"

谢爸爸："爸爸，您居然修好了我的台灯，太厉害了吧！"

如果实在开不了口，咱们还可以写信！

有些话当面讲难开口，用文字却能温柔地传递：

"爸爸妈妈，虽然我常和你们顶嘴，但每次我生病时你们都守着我，我特别感动……"

让爸爸妈妈成为聊天搭子

你要相信，爸爸妈妈不是不理解你的感受，他们只是还没学会如何接住你的情绪。

下次陷入"聊崩"局面的时候，你不妨试试上面的话术，让爸爸妈妈成为你的专属"聊天搭子"！

灵妈的知心话

宝贝们，灵妈特别理解你们的感受：明明是想分享快乐，却总是被泼冷水；明明是想表达自己的想法，却变成了一场"批判大会"。

其实，爸爸妈妈并不是故意让你难受，他们只是不太会用你喜欢的方式和你沟通。

有时候，大人们的世界和你们想的不太一样。

他们总是习惯从现实出发，比如"学习更重要""未来更重要"，所以他们的第一反应可能是担心你会因为追星而影响学习，或是会因为沉迷于某些兴趣而耽误了学习。

别担心，沟通是可以学习的！

只要你们彼此愿意尝试，愿意沟通，愿意用温柔的方式去靠近对方，那么总有一天，你会成为最贴心的小大人。

你也可以成为沟通高手！

第二章

我 不 和 朋友吵架 是不可能的！

真朋友？
假朋友？

吐槽大会

姐妹们，你们有没有过这样的经历？

你和朋友手拉手一起上厕所，还分享同一包辣条，可转身就听到她在背后嘀咕："她那个新书包丑死了，她还当宝贝呢！"

你考试失利，趴在桌上哭，她嘴上说着"别难过了"，转头却在别人面前嘲笑你："这次数学考试她才考了 60 分，笑死人了！"

最扎心的是，你满心欢喜地约她周末逛街，她却回复："没空，我和小美约了看电影。"

救命！这些朋友到底是真心对我好，还是拿我当"备胎闺密"？

你忍不住开始怀疑：那些一起逛街、熬夜聊八卦的时光，难道只是"塑料姐妹花"的表演现场？

你想质问对方，又怕被扣上"小心眼"的帽子，只能憋在心里，最后憋出了内伤……

到底什么样的朋友才是真朋友啊？

支招时间到

姐妹们，先别急着郁闷。其实每个人在成长过程中都会遇到这种考验。真假朋友就像榴梿和波罗蜜，虽然长得像，但内核完全不同。

现在咱们就来解锁"鉴友秘籍"，学会一眼辨别谁是真朋友，谁是"塑料姐妹"！

第一步：用关键时刻检验法测真心

★ **场景模拟**

低谷时刻 你被老师当众批评，她是默默递纸巾，还是跟着别人一起起哄？

秘密测试 你告诉她"我报了数学冲刺班"，她是为你保守秘密，还是宣扬出去？

利益冲突 竞选班委时，她是为你拉票，还是偷偷给欺负过你的那个同学投票？

画重点

真正的朋友不会在你的伤口上撒盐，更不会为了一点儿利益就出卖你。

如果她总在你倒霉时消失，在你风光时贴上来，那只能"恭喜"你遇到了假朋友！

第二步：观察对方的边界感

★ **真朋友的典型行为**

尊重你的选择 哪怕觉得你的新发型像爆炸头，她也会笑着说："你喜欢就好！"

不强迫你合群 你不想参加小团体吐槽大会，她立刻说："没事，我们去吃冰激凌吧！"

保护你的隐私 你跟父母之间的矛盾、你的自卑情绪，她绝不会当成谈资。

★ **假朋友的典型行为**

道德绑架 "是朋友就该帮我写作业！"

随意越界 未经同意翻你的书包，被发现了还理直气壮："看看怎么了？我们之间又没有秘密！"

情感操控 "你要是和小美玩，我就和你绝交！"

画重点

真正的友情是"我希望你开心，你是自由的"！

灵妈的知心话

　　宝贝们，灵妈知道，分辨真假朋友就像在大雾中寻找出路，明明很努力，却总是做出错误的判断。

　　你要明白，真正的朋友从来不需要你小心翼翼地对待。那个愿意陪你蹲在操场上看蚂蚁搬家的人；那个在你发烧时偷偷往你的抽屉里塞退烧药的人；那个跟你吵架吵到要绝交，却在你被欺负时第一个冲出来的人……这些人才是你最珍贵的真朋友。

　　如果你现在正因为假朋友而伤心，灵妈想对你说："错的不是你，而是那些把你的真心当成筹码的人。"

　　你不需要讨好任何人，更不必为离开你的人遗憾。

　　因为，一个真正的好朋友，胜过千万个泛泛之交。

哼！友谊的小船
说翻就翻！

吐槽大会

姐妹们，你们有没有经历过"友谊地震"？

上一秒她还亲亲热热地喊你"宝"，下一秒就因为你没等她吃饭，气得要与你绝交。

你只是忘了回复消息，她却阴阳怪气地说："哟，现在成大忙人了？"

你随口吐槽一本书，没想到刚好是她正在追的，她直接甩脸："你懂什么？绝交吧！"

嗯……友谊的小船遇到一点儿风浪就翻了？

你委屈到失眠，心里想着："为了这点儿小事就冷战，至于吗？"

可你又拉不下脸跟她道歉，只能偷偷翻看她的朋友圈，看到她和新朋友的合照，嫉妒得快变成"柠檬精"了……

啊啊啊啊啊！

难道朋友之间不能相互体谅、相互理解吗？

支招时间到

姐妹们，别急着焦虑。其实"友谊地震"经常发生，但如果一吵架就冷战，甚至提出绝交，最后友谊没准儿就真的消失了。

吵架不是友情的终点，而是升级关系的"补丁包"。

试试下面这三招，或许能把小摩擦变成"友情黏合剂"哟！

第一招：先给情绪"降温"，再解决问题

错误示范

疯狂发消息轰炸："你为什么不理我？我哪里做错了?！"（火药味 x100）

正确操作

给自己 24 小时的冷静期：去操场跑三圈，写日记吐槽，还可以对着玩偶吼一句"气死我了"。

画重点

别在气头上做决定，否则脱口而出的狠话会像钉子，就算拔了也会留痕。

原谅

★ **用"三明治话术"破冰**

第一层，肯定对方："我知道你最近压力大，可能心情不好。"（共情）

第二层，表达感受："但你不回消息，我真的很担心你。"（坦诚）

第三层，提出请求："下次你如果忙，提前告诉我一声好不好？"（解决方案）

★ **举个例子**

"宝，你昨天没等我吃饭，我很失落……（委屈脸）但我知道你不是故意的！下次你要是临时有事的话，给我塞张小纸条行不行？"（递便签纸）

第二招：分清事实和"脑补"

★ **吵架真相**

90% 的摩擦都源于"你以为"，比如：

她没给你的朋友圈点赞，你以为她一点儿也不在意你。

她和小美走得太近，你以为她故意冷落你。

★ **急救包**

写下客观事实，比如，"她今天没和我一起去上厕所"。

画掉主观猜测，比如，"她讨厌我""她想和我绝交"。

别猜谜，直接问，比如，用温柔的语气试探着问："宝，你最近好像很忙，是遇到什么事了吗？"

画重点

给她解释的机会，而不是自己"脑补"一部"狗血剧"！

第三招：用行动代替口头道歉

如果错在你，就要给对方送"道歉包裹"。

可以在包裹里塞一封手写信和她最爱喝的奶茶，并在包裹外面写上："本包裹内含100%真心，请签收！"

如果错在她，就要给对方台阶下。

可以给她发个搞笑表情包，并留言："尊敬的用户，您的朋友已充值'原谅卡'，点击抱抱表情包即可使用！"

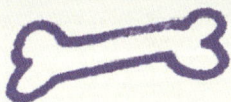

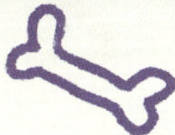

灵妈的知心话

宝贝们，灵妈懂你们的纠结。

吵架后，对方的沉默比大吼大叫更伤人，就像扎在你心里的一根刺，碰一下就疼。

你要知道，真正的朋友不是从不吵架，而是吵架后友情不散。

那个和你冷战三天后，偷偷往你的抽屉里塞和解小纸条的人；那个一边骂你"笨死算了"，一边帮你补数学的人；那个和你吵完架还与你分享一包薯片的人……这样的人，的确是值得珍惜的真朋友。

友谊的保质期往往不是由吵不吵架决定的，而是取决于你们愿不愿意一起面对风浪。要想无限延长友谊的保质期，吵架后两个人就要共同面对问题、解决问题。比如你可以跟对方说："现在，我们之间有一点儿小分歧，但我还是很喜欢你呀，我们一起努力磨合，好不好？"

三个人的友谊中，
总有一个人要
退出吗？

吐槽大会

姐妹们，你们有没有经历过那种"三人行，必有一人当背景板"的尴尬局面？

比如，课间，你兴冲冲地拉着A和B去小卖部，结果她俩一路聊正在追的新剧，你根本插不上话，只能默默跟在后面。

或者，周末，三个人一起去图书馆，A和B凑在一起说悄悄话，你问她们聊啥呢，她们却摆摆手："没事，你不懂！"

最扎心的是，你发现A和B换上了闺密头像，还在朋友圈发文："最好的二人世界！"而你连点赞的勇气都没有……

救命！三个人的友谊难道注定要淘汰其中一个吗？

你疯狂"内耗"："是我话太多了，还是她俩早就看我不顺眼？"

你想退出，又不甘心；想质问她们，又怕撕破脸……最后只能躲在被窝里哭："为什么三个人的友情，总有一个人要退出？"

支招时间到

姐妹们，别难过！

其实，三个人的友谊之所以容易出现其中一个人被冷落的情况，并不是因为那个人不好，而是因为社交平衡本来就很难保持！

三个人的友谊不该是"角斗场"，而应是"等边三角形"——找到平衡才是"王道"哟！

如果你正在经受这种折磨，不妨试试下面这四招，说不定能把"尴尬三人行"变成"超稳铁三角"呢！

第一招：打破"必须绑定"的魔咒

错误心态 强行要求三人永远同步，比如"上厕所必须一起""周末活动谁都不能少"。

过度敏感 如"她俩单独约饭，一定是故意排挤我"。

正确操作 接受"动态平衡"——三人可以一起撸串，两人也能相约看展。

关键 朋友不是连体婴儿，偶尔的单人或二人时光反而会让关系更融洽。

举个例子 A和B想一起去看漫展，你完全可以笑着说："快去！记得给我带周边 * 哟！等你们回来，咱们去吃火锅，边吃边复盘！"（大气值×100）

第二招：通过透明沟通消除猜忌

★ **经典矛盾**

你发现A和B经常背着你私聊；她们聊天时用你不知道的梗，让你感觉自己像局外人。

★ **破解话术**

温柔试探 "宝，你们最近总说'勇敢狗狗'，是啥新梗呀？告诉我一下呗！"

直接表达 "看你们换上闺密头像，我有点儿羡慕……下次咱们拍三人版的呗？"（委屈并撒娇）

★ **禁忌**

阴阳怪气 "你们俩玩得挺开心啊！"

背后抱怨 "她俩肯定在说我坏话！"

---

* 周边：这里是指动漫、娱乐相关产品，例如借用动漫形象生产的模型、手办、文具、手机链等商品。

第三招：打造自己的不可替代性

为什么你怕被淘汰？因为你觉得自己不够特别。

★ **行动指南**

发挥你的独特优势：

你是"气氛担当"？那就多组织好玩的游戏，让聚会离不开你的脑洞！

你是"树洞天使"？那就主动倾听 A 和 B 的烦恼，成为她们的情感支柱。

★ **举个例子**

A 和 B 是"滑板搭子"？那你可以成为"后勤部长"——帮她们报名比赛、选训练场地、拍帅气照片，用你的技能刷存在感！

第四招：准备"备用友谊计划"

★ **真相**

三个人的友谊不稳定不是你的错，而是人本能地偏向一对一深度联结。如果努力后仍感到"内耗"，你可以允许自己发展其他友谊。

★ **执行策略**

拓展社交圈：参加社团、兴趣班等，认识更多同频的人。

★ **区分友谊类型**

A 和 B 是"饭搭子"，C 是"学习搭子"，D 是"滑板战友"……

画重点

别把自己的所有情感需求押在三人组身上！你可以交其他朋友。

灵妈的知心话

宝贝们，灵妈懂你们的焦虑。

三个人的友谊就像三个人手拉手走钢丝，既怕自己掉下去，又怕别人先松手。

你要知道，真正的友情从来不是"非你不可"，而是"有你更好"。

如果你现在正为"三人行"感到烦恼，灵妈想对你说：

"你不是备用选项，而是独一无二的存在。"

试着给人际关系做减法，不用强迫自己加入每一场对话，偶尔做个旁观者也没什么不好。

另外，你也要允许友情自然变化哟，因为有些人只能陪你走一段路，而有些人会陪你走完一生。

最后，灵妈告诉你一句悄悄话：

"友情就像一包多味彩虹糖，你和不同朋友之间的友情，可以有不一样的味道哟！"

如果我不是你的
"首席闺密"

吐槽大会

姐妹们，你们有没有经历过"友情段位焦虑"？

比如，她在朋友圈发合照永远只@小美，并配文"我的首席闺密"。

或者，她和小美有专属昵称、同款手链，而你送给她的生日礼物却被她随手塞进抽屉。

最扎心的是，你发现她会给小美的每条动态点赞，对你的消息却总是"已读不回"……

天哪！难道闺密也要分"首席"和"候补"吗？

你疯狂"内卷"，不仅熬夜帮她做手账，还攒钱为她买她喜欢的手办……

可她的一句"你是我最好的朋友"，像"谢谢参与"一样。

你忍不住比较起自己和小美，甚至偷偷去看小美的主页，试图寻找她的"吸闺秘籍"……

难道不当"首席闺密"，就连朋友都算不上了吗？

支招时间到

放轻松！放轻松！"友情段位焦虑"其实是青春期很常见的情绪之一。

我们都想成为某个朋友生命中特别的存在，一旦发现自己不是，心里就会不安，甚至怀疑自己是"友情边缘人"。

试试下面这三招，轻轻松松就能把"意难平"变成"自在爱"！

第一招：认清"友情生态位"

★ 友情真相

"首席闺密"并不是唯一好友：她可能会和小美一起去看演唱会，但可能只想和你通宵聊心事。虽然在她心中，你不是唯一，但这并不代表你在她心中的地位低。

有时候，"独占欲"可能是一把双刃剑，越执着于"唯一"，越容易患得患失，越容易失去对自己的清醒认知。

她和小美一起去看演唱会，却没有叫你。可不要因此就断定她不重视你哟。 毕竟，看演唱会和聊心事的朋友，都是很重要的呀！

第二招：用"反内卷"战术破局

★ **错误操作**

拼命讨好：她送小美手链？我送她演唱会门票！

模仿对手：小美走甜妹风？我立刻买10条JK裙！

★ **正确操作**

强化你的不可替代性。

和她共建"秘密基地"：比如在学校的天台上看星星，每周五交换写有自己烦恼的纸条。

创建专属仪式：每次考试后都去吃变态辣烤串，并碰杯喊"友谊万岁"！辣到流泪也要喊。

第三招：学会"友情断舍离"

★ **危险信号**

她总拿你和小美比较："小美数学考了满分，你怎么才考 80 分？"

你需要她时，她永远缺席，她却要求你随叫随到。

她从不对其他人表明你们是好朋友，却享受你的关心和付出。

★ **止损指南**

停止过度投入：不再秒回消息，不再熬夜陪聊。

观察她的反应：如果她毫无察觉，那说明你本就不在她的核心朋友圈。

转移情感账户：用省下来的时间结交新朋友、学习新技能。

画重点

你忙着发光的时候，根本没空纠结"我是不是她最好的朋友"！

你要及时升级一下自己的"友情格局"：友情才不是单选题！与其生闷气，不如约另一个朋友去逛街、春游、看展览。因为，你的快乐要靠你自己掌握，不该绑在某个人身上！

灵妈的知心话

宝贝们，灵妈懂你们的委屈。

那种"我把你当唯一，你却把我当之一"的感觉，就像心被掏了个洞，冷风呼呼往里灌。你那么在乎对方，可对方却不一定把你放在心上，这真的让人很难过。

其实，维持友情靠的不是"谁排第几"，而是彼此带来的温暖和快乐。

朋友不是用来比较的，不是谁排名更靠前，谁就更重要；朋友也不是皇冠上的珍珠，非要看哪一颗最耀眼；朋友更像盒子里的糖果，每一颗都甜。

有些关系，抓太紧了，反而容易变味。

这就像放风筝，把线拽得太紧，它就会断；松开一点儿，才能看到风筝在风里自由飞舞的样子。

别怕，真正在乎你的人绝对不会因为距离远了就与你走散。

要为好朋友
保守坏秘密吗？

吐槽大会

姐妹们，你们有没有遇到过"秘密炸弹"？

比如，闺密深夜给你发消息："我现在要偷偷去看演出了……千万别告诉别人！"

或者，死党哭着对你说："我考试时作弊了，现在好怕被发现……"

救命！这些秘密像烫手山芋，拿着也不是，扔掉也不是！

你不知如何是好："答应保密是出于义气，可万一出事怎么办？"

一边是对方的信任："你肯定不会说出去的，对吧！"

一边是良心的煎熬："朋友犯错却不规劝，那还算朋友吗？"

更崩溃的是，你纠结到失眠，对方却像没事人一样继续与你分享新秘密……

友情的天平上，"义气"和"是非"到底哪个更重啊？

支招时间到

我完全理解你的心情。

一方面，内心的正义小英雄在召唤："这件事太严重了，我不能坐视不管！"

另一方面，你又被友谊的枷锁困住："我要是说出去，她会不会恨我？我们是不是就做不成朋友了？"

别慌，别慌！下面这几招，可以让你既守护住友谊，也守住自己的底线！

第一招：先分轻重，再定原则

秘密危险等级表

等级	类型	举例	应对之策
1	坏得很"迷你"的小秘密	她偷吃了一片同桌的薯片	下次逛便利店时，提醒她给同桌买一包薯片
2	灰色地带的秘密	她偷偷给网友发照片	提醒她这么做有风险，劝她及时止步
3	涉及伤害的秘密	她自残、遭受校园霸凌、被骚扰但未报案	必须向家长、老师或警察求助

我们要根据秘密的危险等级选择应对之策！

第二招：用"三问法"摆脱纠结

自问清单

☑ 她会伤害自己或他人吗？
（比如自残、计划报复某人）

☑ 这个秘密涉嫌违法吗？
（比如偷窃贵重物品、故意伤害某人）

☑ 如果我不说，后果我能承担吗？
（比如她偷了别人的重要物品被发现，
你知情不报算包庇）

★ **举个例子**

她向你透露："有人在卫生间欺
负我，但我不敢说，怕被报复。"

必须行动！陪她去找老师或家
长，必要时匿名举报。

第三招：学会"温柔干预"话术

★ **错误示范**

"你疯了吗？我现在就去告诉你妈妈！"（直接引发信任危机）

★ **正确操作**

◎ **共情优先**

"我知道你说出来需要很大的勇气，谢谢你信任我。"

◎ **表达担忧**

"但看你这么痛苦，我真的好担心……我们一起想办法，好不好？"

◎ **提供选择**

"如果你不想告诉爸爸妈妈，我们可以先找心理老师聊聊。"

◎ **禁忌**

道德绑架："你这样对得起父母吗？"

威胁恐吓："你要是不说，我就和你绝交！"

第四招：设置保密边界

提前亮明底线 "宝，如果是伤害你自己的事情，我可能没法儿替你保密哟。"

拒绝当"情绪垃圾桶" 如果她反复倾诉负面秘密却不行动，你要温和地提醒她："我陪你哭完后，咱们得一起解决问题呀！"

善用"匿名渠道" 如果她坚决拒绝向他人求助，你可以通过学校的心理咨询信箱匿名反映情况。

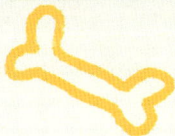

灵妈的知心话

宝贝们，真正的讲义气不是替朋友隐藏伤口，而是陪她一起走出困境。

真正的朋友不会用秘密绑架你，也不会让你陷入"说和不说都不对"的两难境地。

那个哭着求你"千万不要告诉别人"的女孩，或许并不是不想让人知道，而是害怕没人理解。她可能正等着有人拉她一把。

那个嘴上说"没事啊，习惯了"的死党，也许心里早已千疮百孔。她不是不需要安慰，而是害怕麻烦别人。其实她一直希望有人能看穿她的伪装。

那个放狠话"你要是说出去，我们就绝交"的人，多年以后，可能会感激你当年的勇敢，你的"出卖"或许会改变她的人生。

要知道，真正的朋友会一起撑伞挡住风雨，而不是陪着彼此站在原地任风吹雨打。

真正的朋友不该帮对方保守坏秘密，而是要让她看到，哪怕天再黑、风再大，她也不会一个人面对。

好朋友之间需要实行 AA 制吗？

吐槽大会

姐妹们，你们有没有经历过那种"友情付费现场"？

比如，你咬牙请闺蜜吃大餐，她却全程玩手机，最后轻飘飘来一句："AA吧，我转你一半。"

或者，你省吃俭用给她买生日礼物，她回礼时却按标价精确到小数点："你送我169.9元的玩偶，我回你168.8元的耳环，1.1元的差额下次补哟！"

最令人窒息的是，你们一起逛街时，她买了两杯奶茶说"我请客"，结果月底突然甩给你账单："上次的奶茶18块，转我支付宝就行！"

你表面笑嘻嘻地转账，心里却疯狂吐槽："这么计较，还算什么朋友？"

难道朋友之间连一杯奶茶都要明算账吗？

支招时间到

姐妹们，先别急着给 AA 制"定罪"！关键不在于要不要 AA，而是 AA 的方式合不合理。

有人觉得算清楚是尊重，有人觉得计较是见外。

有些人天生习惯"明算账"，觉得谁家的钱都是辛苦赚来的，不喜欢欠人情。

有些人则觉得，朋友之间太计较反而显得很生疏，请客是一种情谊，不是做数学题。

AA 制到底有没有必要？

"亲兄弟，明算账"这句话其实有个前提，那就是彼此舒服！

该 AA 的时候就 AA　比如出去游玩坐船、一起买礼物、合伙买蛋糕等，算清楚了大家都轻松，避免事后产生矛盾。

不该计较的就别计较　像日常喝奶茶、点小吃等，轮流请客就行，算得太清楚反而伤感情。

¥

一句话总结

　　大额算清，小额随意，特殊时刻提前讲清楚。

如何让 AA 制不伤友情？

★ **提前讲好规则，别让 AA 变成雷区！**

举个例子：

闺密说："周末我们去游乐园玩吧，人均 300 块！"

你可以回复："好啊！不过门票 AA，吃饭就轮流请吧？"（提前约定，避免尴尬）

提前把消费规则说清楚，既能避免事后翻脸，又不会让某一方觉得自己被占了便宜。

★ **调整 AA 方式，让它变得更灵活**

等值互换法（让 AA 更自然）

"这次的电影票我买，下次的奶茶你请！"
（不死板 AA，但总体公平）

"友情存钱罐" 法（让 AA 变有趣）

"咱们这次聚餐人均 50 块，从咱们一起存的友情账户里支付啦！"（既算清楚，又不显得小气）

其实 AA 制不是友情的绊脚石，而更像是平衡关系的"公平秤"。

算账不会伤害友情，不适合的算账方式才会！

灵妈的知心话

宝贝们，灵妈懂你们的纠结：谈钱吧，怕伤感情；不谈吧，又觉得憋屈。这种感觉就像踩在钢丝上，进退两难。

你要知道，真正的朋友不会因为一杯奶茶和你翻脸，也不会因为一顿大餐对你改观。

友情的深浅从来不是用转账来衡量的，而是体现在那些你偷偷记住的瞬间里。

比如，你没带钱，她主动说："别担心，这次我请，下次你请我吃冰激凌就好啦！"

如果对方算得太清楚，让你心里不舒服，你别憋着，可以温柔地表达出来："咱俩之间不用分这么清，我更喜欢互相惦记的感觉。"

友情不是做数学题，不是算得分毫不差才最公平，关键在于心意的互通和彼此的珍惜。最好的朋友不是算得最清楚的那一个，而是那个愿意和你一起在小吃摊分一串烤串，吃着吃着就笑出声的人。钱能算清，心意无价。友情里最珍贵的，永远是那份"怕你吃亏"的看似傻乎乎的真心。

不是说好这件事
只有我们两个
知道吗？

吐槽大会

姐妹们，你们有没有经历过由秘密引发的信任危机？

比如，你红着脸告诉闺密："其实我前几天请假是去参加唱歌演出了，你千万别说出去啊！"

结果第二天全班都在传"×××不准备上学了，以后要做歌手"。

或者，死党神秘兮兮地说："告诉你一个'惊天大瓜'，但你必须发誓保密！"

你点头如捣蒜，转头却发现她在一个群里发了同样的"保密宣言"，你心想：保密？你是认真的吗？

更让人心烦的是，你让她替你保守"偷偷打耳洞"的秘密，她却在你妈妈面前"无意"说漏嘴："阿姨，她上周还问我耳洞护理方法呢！"

救命！秘密是块试金石，还是友情里的"定时炸弹"？

你气到原地"爆炸"："说好的不告诉别人呢?！"

她委屈巴巴地解释"我以为×××不算别人"，你又无言以对。

难道在友情里，连"秘密"的定义都要公证吗？

支招时间到

别急别急，只要我们用对方法，友情中的"秘密危机"是可以化解的！

第一步：分辨清楚对方是否真的靠谱

有些朋友天生嘴快，她不是故意背叛你，而是管不住嘴，也不知道轻重。在将自己的秘密告诉别人之前，要先判断对方是否真的靠谱，这很重要。

值得信任的朋友　平时不会乱嚼舌根，能为你守住秘密。

嘴上没把门的朋友　经常在你面前"八卦"别人，今天知道了你的秘密，明天就可能说给别人听。

举个例子

如果她平时就喜欢到处讲别人的隐私，那你最好别在她面前说出自己的秘密！

第二步：想清楚秘密是否真的需要说出来

有时候，我们说出秘密只是为了倾诉，而不是想与人分享。所以你要分辨清楚自己为什么想说出秘密，秘密是否非说不可。

适合说出秘密的情形

你遇到难题，需要朋友的建议。比如成绩下滑了，你想问问她该怎么办。

你心里憋得难受，需要找个信任的人倾诉。

不适合说出秘密的情形

说了可能会给自己带来麻烦，比如可能会被同学嫉妒、嘲笑或者起哄的事。

说了会影响别人或者泄露别人的隐私，比如另一个朋友的秘密。

举个例子

如果你的秘密泄露出去，可能会让你在家长、老师、同学面前陷入尴尬的境地，那你在说出这个秘密前先问问自己："这件事非说不可吗？"

第三步：思考如果秘密已经被泄露，怎么办

有时候，即便你再小心，秘密还是被朋友"放飞"了。这时候，你可以这样做。

★ **先搞清楚，她是无意的还是故意的**

如果她是不小心说漏了嘴，那你可以告诉她："我真的很在乎这件事，下次能不能帮我守住秘密？"

如果她是故意传播你的秘密，那你就该好好想想，这段友谊值不值得继续。

★ **不一定要和对方撕破脸，但要明确底线**

如果她总是喜欢泄露你的秘密，那就果断不再跟她分享秘密。

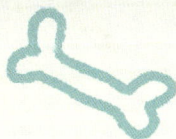

灵妈的知心话

宝贝们，你们是不是觉得秘密是最能考验友谊的东西？

你要知道，秘密就像种子，有的会开出理解的花，有的却会长出谎言的刺。你要做的，是学会分辨哪些需要埋藏起来，哪些可以见光。

有些朋友嘴快，不代表她不在乎你；有些朋友能够守口如瓶，不代表她一定最懂你。所以，与其期待别人替你保守秘密，不如自己学会把握分寸。

如果你发现她总是管不住嘴，不是第一次辜负你的信任了，那她可能真的不适合当你的"心事储存罐"。

如果她只是不小心说漏了嘴，那可以给她一次改正的机会，毕竟，友谊里最重要的不是"秘密管理"，而是相互理解、共同成长！

我竟然嫉妒
我的闺密？
我是不是疯了？！

吐槽大会

姐妹们，你们有没有经历过那种嫉妒到"质壁分离"的瞬间？

明明一起熬夜复习，她考了全班前三，而你却在及格线上挣扎，她还一脸天真地安慰你："没关系啦，你已经进步很多了！"（姐，求你别戳我的痛点……）

你们一起去逛街，你本来觉得自己选的衣服还不错，可她一换上同款，瞬间就像个走红毯的女明星，而你……像个站在她旁边的路人甲。（还能不能愉快地一起逛街了？！）

最让人抓狂的还不是这些，而是她根本不是故意的！

她人超好，对你也超级好。

她从来不会炫耀，也从不会瞧不起你。

她还会把自己最喜欢的零食分给你。

所以，即使她的好让你嫉妒得发狂，你也只得压抑着那点儿小情绪，笑嘻嘻地对她说："你好厉害啊！"

可你还是忍不住想：凭什么她能轻松拥有一切，而我再怎么努力也得不到？

支招时间到

姐妹们，先别急着为自己的嫉妒心理感到羞愧，毕竟，闺密之间的嫉妒是最奇妙、最复杂、最真实的情绪之一！

因为她离你太近了，你忍不住和她比较。

因为她对你太好了，你的嫉妒也带着愧疚。

你嫉妒她，只是因为你也希望自己被看到，被认可。

说到底，你嫉妒的不是你的闺密，而是她得到的那些夸奖和肯定。

嫉妒不是不能有，但重要的是如何让它成为你的"成长加速器"。

第一步：承认自己嫉妒，但不被它绑架

错误操作

不承认自己嫉妒，嘴上说"我一点儿都不嫉妒"，实际嫉妒得不得了，半夜想起来都嫉妒到睡不着！

正确操作

写"嫉妒日记"，把酸涩情绪写在纸上："今天她获得了演讲冠军，我好嫉妒……但她的努力确实值得这样的回报。"

画重点

承认自己嫉妒，然后理性地处理这种情绪。

第二步：把"酸劲儿"变成"燃料"

错误反应

"她那么优秀，我怎么可能比得上？算了，不努力了。"

正确思维

"她能做到，我是不是也可以试试？"

★ **行动指南：学习她的优点**

她成绩好？观察她的学习方法："原来她用思维导图整理错题，我也试试！"

她人缘好？学习她的沟通技巧："她夸人时眼睛亮晶晶的，好真诚！"

第三步：正大光明地夸她，而不是冷淡地回避

有时候，我们明明很羡慕闺密，却又不想表现得太卑微，于是干脆装作不在乎或者假意敷衍："嗯，也还好吧。"

其实，真正的自信是大大方方地夸别人！

她换了发型，明明很好看，但是你想说"就那样吧"，不要说出口，可以说："这个发型好适合你！"

她考了高分，你忍不住想"她怎么这么厉害"，可以说："你真的太棒了！"

夸着夸着，你会发现，心里的那点儿嫉妒慢慢变成了真心的欣赏！

第四步：关注自己，而不是被"闺密光环"笼罩

有时候，我们并不是真的想和闺密比较，而是自己不够自信，觉得自己什么都做得不够好。

请跳出比较陷阱，关注自我成长。

可以制作自己的"成长清单"，记录自己的小进步，让自己有成就感。

专注于自己想做的事，别被他人的节奏带跑，毕竟每个人的成长时间线都不同。

灵妈的知心话

宝贝们，灵妈懂你们的酸楚：你也想发光，却被她的光芒刺得睁不开眼，总有种深深的无力感。

你要知道，每个人的花期不同，不必因别人比你先绽放而焦虑。

嫉妒不是坏事，关键在于你是让它伤害友情，还是用它来激励自己。

如果你愿意试着把嫉妒转化为动力，你的闺密就不再是你的竞争对手，而是你成长路上的"最佳助攻"。

友情存在的意义从来不是比谁更强，而是她发光时，你也能被照亮。

送给你们一句我常对机灵姐说的话：

"真正的赢家不是比别人好，而是比昨天的自己更好。"

绝交是可以
随便说的吗？

吐槽大会

　　姐妹们，你们有没有那种"绝交一时爽，事后悔断肠"的经历？

　　比如，吵架时你脱口而出："绝交吧！再理你，我就是狗！"第二天，看到她和小美手挽手，你嫉妒到原地变成"柠檬精"。

　　或者，你不小心把她送的生日礼物弄丢了，她把你送的生日礼物扔回来，冷笑道："绝交吧！"你一边假装潇洒，一边疯狂监视她的短视频动态。

　　最糟糕的是，你冲动之下从微信好友中删掉了她，事后想加回好友却找不到台阶下……

　　绝交是友情中的"核武器"，还是青春期的口头禅？

　　你深夜独自胡思乱想："为什么每次吵架我都忍不住用绝交威胁她？难道我们的友情这么脆弱吗？"

　　更要命的是，"绝交"会像"狼来了"，你说的"绝交"是气话，可是你想和好时，却发现她已换上了和新闺密一起拍的锁屏照片，而你连道歉的勇气都没有。

　　"绝交"说多了，对方可能就真的一去不回头……

支招时间到

姐妹们，绝交这件事真的不能随便做，一时冲动，会带来终身遗憾。

你以为自己在上演"霸气女王的离场"，现实往往是前脚拉黑，后脚后悔……

绝交不是解药，而是毒药。试试下面这几步，把"绝交危机"变成"友情升级密码"！

第一步：拿出"绝交急救包"

急救包内包括如下道具：

物理隔离法：吵架后立刻离开现场，不让任何一方有机会说出"绝交"这两个字，这期间可以去操场跑圈，同时听音乐，让汗水浇灭怒火。

24 小时冷静期：生气的时候，恶狠狠地在纸上写下绝交宣言，然后撕碎扔掉，并对着镜子大喊三遍"我是成熟美少女，绝不说气话"。

演练举例：她嘲笑你看的小说没品位，你气得打字"绝交吧"，然后立刻关闭对话界面！

去便利店买根冰棍，吃完再决定要不要发送。

第二步：用"绝交替代词"缓解冲突

把伤害值 100% 的话换成伤害值 50% 的话。

绝交暴击	温柔替代句
绝交！别再找我！	我现在很生气，需要冷静一下。
你走开！当我从没认识过你！	你刚才的话让我很难过，我们晚点儿再聊。
拉黑吧！永远别见！	我们都冷静几天，等情绪稳定了再沟通。

画重点

绝交是封闭式结局，而冷静期留有余地。

第三步：绝交后的"破冰三部曲"

如果绝交的话已经说出口，道歉就要具体并且走心。

★ **及时道歉，挽回友情**

错误示范 "算了，当我没说。"（敷衍）

正确操作 "对不起，那天我说绝交是气话，我们说好了一起去看那部电影，周末一起去看好吗？"（细节回忆杀）

★ **用行动证明诚意**

复刻友谊纪念品 重新画一张被她撕毁的合照，并写上"修补版 2.0"。

制造偶遇机会 去她常去的奶茶店假装偶遇，递上她最爱的半糖珍珠奶茶。

★ **设立"吵架安全词"**

约定下次吵架时说"冰激凌"，双方必须停战并去吃冰激凌冷静一下。

必须绝交的信号

长期消耗：她总贬低你，传播谣言，利用你的善良。

触及底线：她霸凌、欺骗你，或鼓动你做危险的事。

毫无悔意：即使你多次与她沟通，她依然我行我素。

优雅退场指南

最后一次沟通："谢谢你曾经的陪伴，但我们的相处方式让我感觉很累。祝你未来一切都好。"（冷静告别）

不诋毁、不回头：绝交后，不在共同圈子里说她的坏话，也无须强迫自己原谅她。

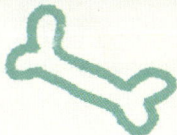

灵妈的知心话

　　宝贝们，青春期的友谊就像一座小岛，有时候阳光明媚，有时候狂风暴雨。而"绝交"就像一场突如其来的海啸，可能会冲垮这座小岛。

　　你是否想过，你们一起吐槽老师、在深夜聊八卦笑出眼泪的日子，真的应该被一时的冲动抹去吗？

　　有些朋友一旦绝交就真的回不来了……

　　但有些朋友并不是真的散了，而是需要一个台阶下。

　　所以，学会给友情留点儿余地吧！真正的朋友不是从不吵架，而是即使吵架，仍然想留在彼此身边。

　　友情也不是玻璃球，一摔就碎。

　　它更像风筝，哪怕飞远了，只要线还在，就能拉回来。

　　真正的朋友不怕吵架，只怕没人愿意先说对不起。

朋友总爱占便宜，
我该不该拒绝？

吐槽大会

姐妹们,你们有没有遇到过那种从来不付出的朋友?

你新买的文具,她顺手就拿走了:"啊,这个好可爱,我借用一下!"然后,再也没有下文了……你的笔变成了"长期寄存物",你不提醒,她压根不会还。

你们一起吃饭,她拍照发朋友圈:"和姐妹一起吃大餐!"可每次结账时,她不是忘带钱包就是手机没电。你嘴上说着"没事",心里却在怒吼:"为什么我变成了她的'长期饭票'?"

你不是小气鬼,但长期被占便宜,心里真的憋屈!

可要是直接拒绝,又怕她觉得你不够义气,从此绝交……

难道朋友之间真的不能拒绝"占便宜"吗?

支招时间到

姐妹们，先别急着跟朋友翻脸。其实朋友占便宜也分很多种情况，关键是看她到底属于哪一类。

第一类：无心占便宜型

有些人不是故意占你便宜，而是习惯了顺手拿、随口借，脑子里根本没有"归还"这个概念。

她可能没有意识到自己的行为让你感到不舒服了，如果你一直不提醒，她会以为你不在意。

应对方式：温柔提醒，给她机会改正

"对了，我发现我那支笔还在你那儿，记得还我哟！"

"上次的奶茶是我请的，这次轮到你请啦！"

画重点

别忍着不说，时间久了，你只会越来越委屈！

第二类：默认你请客型

这类朋友可能不是有意占你便宜，但她觉得你大方，所以默认你请客，默认向你借东西可以不还。

她不是坏人，但占便宜变成了习惯，确实有点儿得寸进尺……

应对方式：建立"友情 AA 机制"

"咱们以后轮流请客，这样比较公平！"

"上次的钱是我花的，这次你来吧！"

画重点

如果她真的不愿意出钱，那你就该重新考虑这段友谊是否有必要维持了。

第三类：明知故占型

这类朋友就是纯粹的"占便宜大王"。

她知道自己蹭吃蹭喝不合适，但就是不想出钱，甚至觉得这是理所当然的。

应对方式：果断设立界限。

"这支笔我自己要用，不能借啦！"这样说坚定但不伤人。

"上次的钱你还没还呢，你先还了，我再借吧！"让她意识到你不是"自动取款机"。

"这次咱们AA吧，我也没钱请客了。"直接拒绝她蹭吃蹭喝的行为。

你千万别说："好吧，就这一次哟！"

只要你让一次，她就会觉得你可以让第二次、第三次！

灵妈的知心话

宝贝们，灵妈想告诉你们，友情是否真挚不是用谁请客多、谁付出多来衡量的，而是看彼此是否愿意为对方付出。

你请她喝奶茶，下次她会记得给你带点心。

你借她橡皮，她用完后会主动说："谢谢你借我橡皮，现在还给你！"

你愿意帮她，她也会在你需要帮助的时候挺身而出，而不是只会占你便宜。

真正的友情不是一场单人付费的游戏，而是双向奔赴的旅程！

你可以大方，但你的大方应该留给值得的人，而不应被人无限度地索取。

你可以帮助朋友，但你的善良不应该成为别人占便宜的理由。

你可以付出，但前提是在这段友谊中你们是平等的，而不是你一味妥协、隐忍。

真正的朋友不会因为你不借给她东西、不请她吃饭就离开你，而那些只在乎你能提供什么的人，迟早会走远。

一样，不一样

在这里记下你和好朋友的相同点和不同点吧！

真正的好朋友可能有很多"不一样"，
但一点儿都不影响我们爱对方！

第三章

关于
心动

这件小事

到底什么是
喜欢？

吐槽大会

姐妹们，你们有没有过这样的迷惑行为：

爱听的歌里多了几首惆怅忧伤的，你还单曲循环到深夜。

爱看的小说里多了几本言情的，那些情节让你的心怦怦地跳个不停。

看到电视剧中的某些桥段，就开始想象自己身处其中会是什么感觉……

你捂着发烫的脸问自己："我这是怎么了？难道……我喜欢上什么人了吗？"

可下一秒，你又陷入纠结：

"到底什么是喜欢啊？"

"心跳加速就是喜欢的表现吗？"

"对朋友的占有欲是喜欢吗？"

到底什么是喜欢呢？

支招时间到

姐妹们，别急！

"到底什么是喜欢"这个问题就像"宇宙的尽头是什么"一样，根本没有唯一的答案！

不过，我们可以一点点解开这团缠在一起的毛线，理出一些头绪。

★ **喜欢 = 100 种不同的感受混合在一起**

虽然我们都说不清喜欢究竟是什么，但可以确定的是，喜欢是很多种感受的混合，比如欣赏、好奇、崇拜、羡慕、占有欲……有时候甚至只是单纯地觉得对方特别，让人感兴趣，但不一定是真的非他不可哟！

★ **心跳加速 ≠ 真正的喜欢**

那……看到一个人时心跳加速，就是喜欢吗？

嗯……不一定哟！

其实，心跳加速是一种生理反应。它可能是因为：

光线、气候、色彩等因素导致某个瞬间在你眼里形成了很棒的视觉效果，令你印象深刻。

你对某种情境特别敏感，这种情境一旦出现在你眼前，就会自动触发你的"兴趣机制"。

眼前的情况让你很紧张，你不知道该怎么应对，尤其是当周围人起哄时。

所以，心跳加速可能只是你被某种美好的感觉感染了。

这时候，先别急着疯狂脑补"我是不是喜欢上他了"，因为那很可能只是你当下情绪的小波动！

★ **占有欲 ≠ 真正的喜欢**

看到他和别人关系好，你心里会不舒服，是不是代表你喜欢他？

这个嘛，可能是，也可能不是。

有时候，我们会对某个人产生依赖感，希望自己和他的关系特殊一点儿，而不是像其他人和他的关系一样。

这种心理有点儿像"我的好朋友怎么可以和别人走太近"。

真正的喜欢应该是……

喜欢是一种自然而然产生的情绪，不用急着搞懂它、控制它，交给时间就好。当你长成了聪明的大女孩，学会了欣赏正直的品格、有生命力的个性、有趣的灵魂，时间自然会告诉你答案。

灵妈的知心话

宝贝们，有句话说得特别形象：喜欢就像奶茶，甜甜的，让人上头！

但人的喜好是会变的，现在你最爱的是珍珠奶茶，说不定过几年会变成抹茶拿铁，或者变成美式咖啡。

青春期的心动不是考试，不用急着找到标准答案。它更像一场旅行，你应该慢慢感受，慢慢理解。在这个过程中，你也许会迷路，也许会改变方向，但你走的每一步都是成长的一部分。

不过，有一点超级重要：不管你喜欢谁，一定要先喜欢自己哟！

当你足够自信、足够开心的时候，你会发现，喜欢一个人并不是为了填补自己的空缺，因为你本来就已经很棒啦！

所以，别着急，先享受成长过程中的每一天吧！也许未来的某个不经意的瞬间，你自然会明白什么是真正的喜欢。

我把分寸放在
眼里，把心动
藏在心底

吐槽大会

姐妹们，你们有没有经历过"深夜脑子里转小风车"的时刻？

你刷着短剧，看到男主角深情地望着女主角，心跳瞬间加速："啊……有点儿懂了。"

下一秒，你脑子里就响起爸爸妈妈的声音：

"你现在最重要的是学习，不要胡思乱想！"

"你的成绩又下滑了，最近你的心思是不是不在学习上啊？"

"小小年纪懂什么感情？等你长大了再说吧！"

其实，你只是想为那种懵懂的感觉寻找一个答案。你想知道：

"我是不是不该动心？"

"学生时代可以喜欢别人吗？"

"会不会以后回忆起来，我连一刻的心动都没有……"

支招时间到

姐妹们，先深呼吸，相信我，恋爱不是一件太重要的事！

很多人纠结这件事，其实是害怕错过或者失去机会。咱们先来搞清楚几个关键点。

关键点 1：只是心动而已

学生阶段的心动就像一颗刚冒芽的小种子，它需要时间、经历和成长来滋养。它可以是一种欣赏，但真的不需要马上变成一段恋爱关系。

有些喜欢放在心里细细感受就好。它就像阳光下的一朵花，静静绽放，温柔又美好。

关键点 2：化情绪为动力

相信你自己，你有自己的节奏和思考。

你可以选择将这份心动变成一种动力。

比如，让这份心动成为努力学习、提升自我的助推器，而不是成为你的困扰。

关键点 3：把握分寸感

厉害的女孩都能把握好分寸感！

学生时代的心动更多是成长中的情感体验，不一定要变成一段恋爱关系。

如果因为这份心动而变得焦虑或失去方向，或是因此影响了学习，那可是很不值得的。

你的青春不是只有心动，还有梦想、友谊、成长……这些才是最值得珍惜的！

现在，你应该做的是好好提升自己，而不是把所有精力都用来揣摩一种变化不定的心情。

灵妈的知心话

宝贝们，喜欢一个人是一件美好的事，但喜欢不代表一定要谈恋爱，更不意味着必须有结果。

学生阶段的喜欢就像刚刚冒出来的花苞，带着点儿青春的悸动和对春天的好奇。它可以是悄悄放在心里的小秘密，也可以是一种欣赏和向往，但真的不需要急着把它变成一段恋爱关系。

有些感情是需要时间沉淀的。现在的你们正处在成长的重要阶段，认识的世界还不够大。你们未来会遇到更多有趣的人，看到更广阔的世界。谁是最适合的人，真的很难说哟！

学生时代，首要任务还是学习。这虽然是老生常谈，但你要明白，学习并不是为了应付考试，而是为了给未来的自己更多选择。当你把时间和精力更多地放在提升自己上，你会发现：那些真正优秀、有趣的人会在前方等着你，而不需要你现在就焦虑地去争取。

所以，宝贝，不用急，让喜欢成为你前进的动力，而不是变成困住你的牢笼。请相信，将来你会遇到更值得的人！更重要的是，你要先成为更棒的自己！

如果父母反对我
和某个异性同学
做朋友，我该
怎么办？

吐槽大会

姐妹们，你们有没有经历过那种亲情与友情的"极限拉扯"？

比如，你和班里某个男生只是搭档做课题，妈妈却如临大敌："天天跟他聊，你是不是早恋了？！"

或者，爸爸看到你们一起放学回家，立刻板着脸说："学生时代交什么异性朋友？专心学习！"

你委屈得想哭："我们真的只是在讨论数学题啊！为什么男生女生关系好就是有问题？！"

更令人窒息的是，每次你提到他的名字，爸爸妈妈就开启"审讯模式"："他成绩怎么样？父母是做什么的？为什么放学和他一起走？"

每次被"审讯"完，你都感觉自己的社交自由正在被剥夺。

你抓狂挠墙："难道和异性同学做朋友就罪不可赦吗？！难道男生和女生真的不能单纯做朋友吗？！"

"这到底是谁的问题啊？！"

支招时间到

姐妹们，先别急着抓狂！

爸爸妈妈对这种情况过度警惕，其实不是因为你做错了什么，而是因为他们的观念和成长环境与你的不太一样。

所以，你不要和爸爸妈妈"硬刚"，而是要想办法既能正常交朋友，又能让爸爸妈妈放心。

爸爸妈妈为什么会这么紧张？

在爸爸妈妈上学的那个年代，男女生之间的界限可能比现在严格得多，所以他们很容易把"关系好"理解成"感情发展"！

家长这么焦虑，其实是怕你分心，成绩下滑，影响未来。

在爸爸妈妈眼里，你还是一个需要保护的小孩，所以他们会对你的异性朋友十分警惕，担心你年纪小，不懂得分辨对方的好与坏，容易受骗。

如何既让爸爸妈妈放心，又让自己享受社交自由？

★ **主动分享，打破神秘感**

很多时候，爸爸妈妈过度警惕是因为对你的朋友不了解。如果他们总是听到某个男生的名字，却对他一无所知，他们的"脑补"能力可能比偶像剧编剧还厉害！

所以，适当分享一点儿信息，让他们对你的交友情况放心，比如：

"他是我们小组的组长，这次的课题我们要一起做。"

"他是班上的体育委员，平时组织活动挺靠谱的。"

"他数学很好，给我讲解了几道题，我终于搞懂了！"

如果爸爸妈妈知道，你们的关系是建立在学习、团队合作等基础上，他们就不会再担心你啦！

★ **真诚是必杀技，让父母知道你们只是学习伙伴**

爸爸妈妈最怕的就是友情发展成恋情。如果他们疑神疑鬼，你可以用真诚打消他们的疑虑。

✔ **正确示范**

　　真诚地陈述事实:"我们就是普通朋友,他还是我的竞争对手呢!"

　　真诚地分享日常:"我们一起做作业,主要是为了互相提问,这样效率高。"

✖ **不要这样说**

　　不要直接表达:"我觉得他挺好的啊……"(爸爸妈妈瞬间警铃大作!)

　　暴力沟通法:"我交朋友还要你们管?"(战火更旺,你可能直接失去社交自由!)

★ **爸爸妈妈请放心，我心里有数**

有时候，爸爸妈妈并不是不让你交异性朋友，只是想知道你有没有边界感。

比如，他们可能不喜欢你和男生单独出去，但如果是在公开场合，比如小组学习、课后讨论、学校活动等，他们的接受度会高很多。

所以，你可以通过一些爸爸妈妈能接受的方式把情况说清楚：

"我们在学校图书馆一起复习。"（爸爸妈妈会想：有老师在，放心！）

"我们是参加小组讨论，还有其他同学在。"（爸爸妈妈会想：不是单独相处，还行！）

"他给我辅导物理，我帮他补英语。"（爸爸妈妈会想：互助学习，好像是件好事？）

当爸爸妈妈看到你们的关系是健康的，才不会胡乱猜测。

★ **爸爸妈妈请放心，不信？请看成绩！**

其实，爸爸妈妈最担心的是你与异性朋友交往会影响成绩，进而影响你的未来。

如果你能用成绩证明，你并没有因为交异性朋友而影响学习，甚至学习效率更高了，那爸爸妈妈的焦虑值会下降 90%。

灵妈的知心话

宝贝们，灵妈懂你们的委屈，明明只是和异性同学做普通朋友，爸爸妈妈却把它上升到人生大事的高度。

你们要知道，父母的反对往往源于对未知的恐惧。

爸爸妈妈不是不让你们交异性朋友，而是他们的安全感还没建立起来。他们的顾虑很多时候来自对你的保护欲。

如果你希望爸爸妈妈不再过度敏感，那就试着通过合理的沟通和靠谱的表现来缓解他们的焦虑。只要你能证明自己在交异性朋友的同时依然保持自律、成绩稳定，他们自然就不会那么紧张啦！

所以，别急着抓狂，学会用智慧去争取自由，让爸爸妈妈看到，你可以做到既拥有异性好朋友，又不会影响自己的成长！

被朋友起哄，
我该怎么回应？

吐槽大会

姐妹们，你们有没有经历过这种大型"社死现场"？

你只是好心帮同桌捡了块橡皮，结果还没等你坐下，全班已经炸开了锅："哟！爱心橡皮哟！"

你很无语，心想：同学们的"脑补"能力也太强了吧！

运动会上，你跑完步累得半死，有男同学顺手递了瓶水给你。

你刚准备拧开喝，旁边的闺密立刻凑过来，兴奋得像发现了什么惊天大秘密："你俩是不是有情况？"

你忍不住翻白眼："我们之间是纯友谊！"

最离谱的是，谣言像长了翅膀一样四处乱飞："听说他们周末一起去逛街了！""×× 亲口承认的！他们已经在一起了！"你气得想掀桌："啥？我自己怎么不知道？！×× 是谁？我怎么连否认的机会都没有？"

你越解释，大家越觉得你在掩饰，这场荒唐的"八卦风暴"根本停不下来！

最后，你只能抚额叹气："为什么与异性关系好，就是在谈恋爱？这都是什么逻辑！"

支招时间到

姐妹们，别急！

这些起哄"名场面"，每个人在一生中总会遇到几次，你不是唯一受害者。

关键是，我们要学会如何应对，不让自己陷入更尴尬的境地。

为什么大家喜欢瞎起哄？

★ **纯属图个乐子，完全不带脑子**

有些同学起哄，只是为了找点儿乐子。看到你和异性互动，他们就觉得有戏看了，根本没想过会不会给你带来困扰。

★ **自己是性缘脑，就以为所有人都该谈恋爱**

有些人的思维方式存在局限，他们总觉得男女之间不可能有纯友谊，看到你们关系不错，就自动"脑补"成青梅竹马或暗恋情深……

80% 的谣言都是道听途说、无中生有、添油加醋的产物，可能本来只是他帮你递了瓶水，到别人嘴里就变成了他专门跑到小卖部给你买了瓶饮料……

所以，这些传言比星座运势还不靠谱！

如何破解"莫名其妙的配对"？

★　**方法 1：无视并冷处理，让他们"没戏可唱"**

有人起哄时最怕什么？没人搭理！

你越解释，别人越觉得有情况。那就别再解释了，可以这么回应：

"哈哈，随你们编吧，等你们写成小说，记得付我版权费。"

"哦，那要是我明天向班长借东西，你们是不是要说我脚踏两只船？"

当你表现出无所谓的态度，起哄的人发现你并不尴尬，他们反而觉得没意思，就会自动散场！

★ 方法 2：幽默反击，直接终结流言

有些流言，你听了越生气，别人就越觉得好玩，所以不如用幽默的方式直接击破！

"是啊，他给我递了瓶水，我当场感动得泪流满面，决定给他写一封 1000 字的感谢信。"

"对对对，周末我们约会了，还有数学、英语、物理、化学四门功课陪着，我们玩得超开心！"

这样操作下来，对方发现你根本不慌，还能自己玩梗，他们的起哄乐趣会瞬间消失，这事也就过去了。

★ **方法 3：建立异性友谊的边界感**

虽然"男女生不可能做普通朋友"这个观念是错的，但我们在和异性交往时，也可以建立适当的边界感，避免造成误会，比如：

避免过多肢体接触，很多人起哄就是因为受到了"视觉冲击"。

坦然、自然地相处，别让他人觉得你们偷偷摸摸的。

不要刻意避嫌，但也别亲密无间。

时间久了，大家就默认你们是普通朋友，不会再瞎起哄了。

灵妈的知心话

宝贝们，灵妈知道，被八卦"围攻"真的很烦。明明自己什么也没做，结果却变成了别人的谈资，谁能不抓狂？！

灵妈想告诉你们：

第一，不要怀疑自己。你和谁做朋友是你的自由，男女生之间可以有纯友谊，不是所有关系都是暧昧关系。

第二，不要让流言影响你的生活。别人怎么说，是他们的事；你怎么活，是你的事。如果你因为这些无聊的八卦和朋友疏远了，那就不值得了。

第三，时间会抹去一切。如果你不理会这种起哄行为，你会发现，流言蜚语来得快，去得也快。等起哄的人发现你根本不在乎，他们就会自动去找下一个目标了。

所以，宝贝们，别被八卦牵着鼻子走，自己怎么舒服怎么来！

你不需要为别人的想象买单，你的生活剧本，只能由你自己书写！

长得好看是不是
更容易被喜欢？
我不够漂亮
怎么办？

吐槽大会

姐妹们！你们有没有陷入过"颜值焦虑"的黑洞？

你刷到女同学的自拍，底下的评论清一色是："仙女下凡！""美爆了！！""请问你是怎么做到 360° 无死角的？"

而当你鼓起勇气也发了一张自拍后，结果唯一留言的是妈妈："多吃点儿，太瘦了！还有，你这个角度不好看！"

有时候你无意间听到同学们聊天："那个班女生颜值不行啊……""嗯，这届没什么特别惊艳的。"

你一边听一边翻白眼："不好意思，我们是来上学的，不是来选美的，好吗？！"

但回家后，你还是忍不住偷偷在镜子前端详自己：眼睛是不是不够大？睫毛是不是不太长？你试着用刘海遮了又遮，还是觉得自己"脸大如盆"……

你心想：所以现实里真的是"颜值即正义"吗？！

姐妹们，醒醒！颜值或许是入场券，但人生才是游乐园。

游乐园里真正让人流连忘返的，从来不是入场券，而是玩得尽兴的你。

虽然颜值确实会在一定程度上影响社交，但它真的不是你人生的"唯一战力"。

外貌会让人惊艳，但内在才让人留恋

你有没有发现，真正让人喜欢的，从来不是单纯的美貌，而是那种自信又舒服的气场？

有些人第一眼看上去很惊艳，但相处久了会发现他们空有好皮囊。慢慢地，他们也就失去了吸引力。

但那些有趣、聪明、自信、温暖的人，哪怕外貌不是"完美无缺"，依然能吸引很多真心喜欢他们的人。

长相是天生的，但气质、表达能力、审美、情商……这些都是可以通过努力去提升的。

审美标准一直在变，千万别盲目迎合

你知道吗？不同时代的审美标准完全不同。

20 世纪，丰满是贵族的象征。

前几年，韩式精致小脸十分流行。

现在又开始流行健康运动风，马甲线比巴掌脸更吃香。

如果你盲目迎合潮流，就只能被一波波流行趋势推着走，而永远得不到真正的自信。

真正的美，不是迎合别人，而是找到最适合自己的状态！

好看是一种氛围感，不只是五官精致

你有没有发现，有些女生五官并不精致，但她们一开口就让人觉得好喜欢？

有些女生，不靠滤镜、不用修图，但举手投足间自带光芒，让人觉得特别有魅力！

她们的秘诀可能是：

笑容自信，眼里有光。

气质好，谈吐有趣，让人愿意靠近。

打扮得体，找到了适合自己的风格，而不是盲目模仿别人。

有些人即使长得普通，但特别会穿搭，会说话，整体气质优雅，照样魅力四射。所以，比起纠结自己哪里不够好看，不如想想如何让自己整体更有魅力。

灵妈的知心话

宝贝们，灵妈懂你们的焦虑，因为这个世界好像真的对好看的人特别宽容。

但你们要知道，好看的外貌或许能吸引目光，但真正让你不可取代的，是你的性格、你的能力、你的独特光芒。

长得好看，不代表就是人生赢家。真正自信的人，哪怕不符合大众审美，依然能闪闪发光。比起"变美"，更重要的是"变得更有魅力"——学会表达、培养气质、提升自信，这些才是让你闪耀一生的东西。

所以呀，与其纠结鼻子不够挺，不如想想今天要做点儿什么超酷的事。

当你自己都觉得"我超有趣"时，别人怎么可能看不见你的光芒呢？

怎么没人告诉我，

与人相处竟这么难？

嫉妒的酸味，
我该拿你怎么办？

吐槽大会

姐妹们，你们有没有经历过那种"酸柠檬成精"的瞬间？

比如月考成绩下发时，你盯着第一名同学的分数，指甲深深扎进手心："明明上周他还说没复习，没想到他竟然在偷偷'卷'！"

或者刷朋友圈时，看到同学晒出迪士尼全家福，你低头看看自己磨破边的书包背带，忍不住想：为什么别人的人生像奶油蛋糕，而我的却像隔夜馒头！

最糟糕的是，你明明知道嫉妒像毒药，可那种酸涩感还是会不受控制地野蛮生长。

你一边疯狂"内耗"，质问自己是不是心胸太狭隘了，一边忍不住"监视"别人的社交动态："他家是不是很有钱？他妈妈是不是天天陪他学习？"

啊啊啊啊！成长怎么这么难？嫉妒心能不能"关机"？！

支招时间到

其实，攀比心是人性自带的"小恶魔"，与人攀比是人之常情。你会对别人产生嫉妒情绪，只是说明你想要更好的成绩、生活、资源。嫉妒情绪是你内心真实愿望的投影，说明你想要变得更好。

嫉妒并不是罪，关键在于如何驯服它。

"酸柠檬"其实不难处理，把它调成清爽的柠檬苏打水就行了！

第一步：合理分析嫉妒情绪

★ **经典误区**

压抑派 "嫉妒可耻！我必须做个大度的人！"（结果半夜胡思乱想到失眠）

攻击派 "他成绩好肯定是因为作弊了！他穿的名牌一定是假货！"（伤人伤己）

嫉妒的根源不是坏，而是未被满足的渴望。

试着把"他凭什么……"翻译成"我想……"，比如：把"他凭什么人缘那么好"翻译成"我渴望被人真诚地喜欢"；把"他凭什么暑假能去欧洲游学" 翻译成 "我也想看看更大的世界"。

★ **行动指南**

写"酸柠檬日记" 记录具体事件、真实感受和深层需求。

示例 "今天小林被选为升旗手（事件），我胸口闷得像堵了块石头（感受）。其实我也想做升旗手，但不敢举手报名（需求）。"

★ **开个"自我夸夸专栏"**

每天睡前写下自己的几个优点，比如："虽然这次数学考砸了，但我主动找老师补课了，我很勇敢！""同桌说我讲题时特别有耐心！"

第二步：把"横向擂台"变成"纵向阶梯"

★ **场景对比**

横向较劲 "她英语考了 120 分，我才考了 100 分，我就是个废物！"

纵向成长 "上次我考了 105 分，这次提高了 5 分！下次要突破 110 分！"

★ **自救指南**

真正的对手只有昨天的自己。

制作"成长里程碑地图" 用不同的颜色标注每个月的小目标。比如：

4 月：每天背 20 个单词。

5 月：每天主动举手回答 3 个问题。

6 月：一个月内读完一本英文原版书。

设置"成就银行" 每完成一个目标就往存钱罐里投 1 枚硬币，攒够 10 枚硬币就奖励自己一份小礼物。

第三步：打造自己的"独家优势"

★ **经典案例**

同学 A 是数学天才，但你的作文让班主任读红了眼眶。

同学 B 考过了钢琴 10 级，但你能用废旧材料做出令人惊艳的手工艺品。

同学 C 拿到了短跑第一名，而你能一口气说出 30 种云的名称。

★ **行动指南**

发起"技能交换计划",如:

利用你的手绘技能帮学霸设计笔记本封面,换他教你解题技巧。

利用你的厨艺给运动达人做便当,换他带你晨跑。

★ **设立"无敌领域时间"**

每天留出 30 分钟深耕热爱的事情,哪怕只是研究蚂蚁搬家,你也可能因此成为班级的科普达人。

其实,你以为微不足道的努力,可能正在悄悄酝酿属于你的闪光点。

宝贝们，灵妈小时候也经历过很多"酸柠檬成精"的时刻。

当时我的成绩总是班级 12 名或 13 名，我老幻想着前 10 名的同学每人给我 20 分，这样一来，我就能不费吹灰之力变成第 1 名啦！

后来我慢慢明白，原来那种酸酸的感觉并不是让我否定自己，而是促使我去发现自己也可以变得很棒，只是我变棒的方式、时间和别人不一样。

人生不是一场所有人同场竞技的比赛，而是每个人都在自己的跑道上奔跑。

有时候，你羡慕别人闪光的样子，却不知道某个角落里也有人正羡慕着你。

所以，别怕产生嫉妒心理，更别因为它而怀疑自己的价值。你已经很好了，而且正在一点点变得更好！

为什么他们总对我说难听的话？

——校园里的

语言暴力

吐槽大会

姐妹们，你们有没有被困在"语言的刀尖"上的经历？

比如课间操排队时，后排女生"不小心"踩掉你的鞋子，还说："你连把鞋子穿好都不会吗？"

哄笑声顿时像针一样扎进你的耳朵。

或者午休时你打开课本，发现每一页都被画上了丑陋的涂鸦，还歪歪扭扭地写着"丑八怪"。

最令人窒息的是，他们在班级群里发你的丑照，还配文"年度最佳笑话女主角"，而你只能装作没看见，手指却抖到握不住笔……

你躲在卫生间隔间里，眼泪砸在校服袖子上："为什么偏偏是我？我做错了什么？"

你想告诉班主任，又怕被说小题大做。

你想告诉爸爸妈妈，又担心他们反问："为什么他们只欺负你？"

你甚至开始怀疑自己："是不是我太懦弱、太奇怪了，所以活该被针对？"

支招时间到

姐妹，不是你想多了，而是你真的被伤害了。

虽然别人只是说了一句轻飘飘的"丑八怪"，可那句话，你可能在脑子里重复了几十遍。

这不是因为你太脆弱，而是你在认真对待自己。

第一步：撕掉"受害者羞耻"标签

★ **真相实验室**

被霸凌不等于你有错：霸凌者欺软怕硬，你的退缩只会让他们变本加厉。

说出来并不丢脸：沉默是霸凌者的帮凶，求助是强者的智慧。

★ **行动指南**

每天默念三遍："我没有错，错的是伤害我的人！"

★ **搜集证据**

拍下被人涂鸦的课本并存档；录下带有恶意的语音或视频（注意隐蔽性）；保存网络霸凌截图（包括时间、账号信息等）。

第二步：学会"硬核回应术"

不要哭，不要闹，更不要躲，咱们要用行动吓退纸老虎！

★ **场景模拟 + 反击攻略**

面对语言攻击

他们说："你打扮得真土，像捡破烂的！"

你回应："什么？你连这都不知道？我的穿搭灵感来自《×××》（某部有名的电影），今年这部电影很火的，你不会没听说过吧？"（用知识碾压）

面对肢体挑衅

他们故意撞你，你立刻大声说：

"你撞到我了，现在立刻道歉！你不会这么没素质吧？"（声音要大，确保全班同学都听见）

面对网络造谣

发现网络上有关于你的黑帖，冷静地截图，并联系班主任："老师请帮我，这是违法行为，我已报警。"

第三步：构建"支援者联盟"

★ **关键人物清单**

正义的教师

带上证据去找班主任："老师，××多次辱骂我，这是录音和照片，如果有下次，我会联系教育局和律师。"（严肃且礼貌）

能充当坚实后盾的家长

给爸爸妈妈看伤痕："这不是同学之间的打闹，而是校园暴力，我需要你们支持我维权。"

同类战友

悄悄观察班里其他被排挤的人，给对方递张小纸条："要一起吃午餐吗？我带了超多零食。"

灵妈的知心话

宝贝，你可能以为是自己不够好才会遭到排挤，但灵妈想大声告诉你："不是这样的！绝对不是！"

他们这样做，不是因为你不好，而是因为你太好、太不一样了，你身上有他们不曾拥有的光环。他们可能没有别的本事，只会通过嘲笑和排挤让你变得和他们一样。

宝贝，你可别像他们那样去笑话别人，也别为了不被孤立而去讨好他们。你只需保护好自己，继续往前走，等熬过这段灰暗时光，就会遇见属于你的小太阳。

那个时候，你会发现，原来最该被嘲笑的人不是你。

你不是"年度最佳笑话女主角"，而是"年度最勇敢小英雄"！

那些想击垮你的恶意，终将成为你的勋章。

所以呀，别怕做那个打破沉默的人。

真正的强大不是从不受伤，而是受伤后依然敢对伤害你的人说："我值得被尊重，而你们不配定义我。"

网友到底是
"搭子"还是
"骗子"？

吐槽大会

姐妹们，你们有没有经历过那种"网络友情狼人杀"？

比如在游戏里认识的"网络闺密"，天天和你连麦写作业，互相打赏，互寄礼物。你都快把她当成"灵魂双胞胎"了，结果有一天你发现，她居然拿你的自拍照冒充你去交网友，还把你和她聊天时说的心里话截图发到贴吧当"爆梗段子"！

或者在某社交平台上找的"学习搭子"，一开始对方说得天花乱坠："我要跟你考同一所高中，一起上岸！"

你相信了她，熬夜整理笔记发给她，结果她却把你的资料打包卖给粉丝赚零花钱，还顺手拉黑了你……

最离谱的是，有姐妹跟网友吐槽自己爸爸妈妈吵架，第二天就收到匿名短信："给我 500 块，否则我就把聊天记录发到你的班级群。"

你被吓得连夜删除好友，躲进被窝哭成"振动模式"。

天哪！这年头网上交朋友是开盲盒吗？怎么全是隐藏款地雷？！

支招时间到

咱们得承认，网上的确有很多真诚、有趣又温暖的人。他们和你连麦学习，鼓励你考试加油，一起看小说，一起追剧……

有些网友可能比身边的人还懂你。

但是，别忘了一个关键点：网络社交，不能轻信，不能全信，更不能毫无防备。

防雷妙招：交网友避坑三问

在交网友之前，先问自己三个问题：

★ **问题 1：她是不是太热情了？**

刚认识就狂夸你，秒回你的信息，天天说"你是我唯一的朋友"。

听着很暖，但过度的热情也可能是"钓鱼"的前奏。

★ **问题 2：她是不是一直打探你的隐私？**

比如打听你的地址、家庭关系，或者让你发照片。

如果你们聊着聊着，她就往你生活深处钻，那就要小心了，这种"窥视"可能是不安全的。

★ **问题 3：你是不是不敢拒绝她？**

"她说她难过，我就得陪她。"

"她发语音消息，我不敢不回。"

如果你开始觉得压力大、被控制了，那你已经不是她的朋友，而是她的情绪出口了。

朋友之间相处最重要的是舒服、自由、不利用。

保护自己：交网友守则"三件套"

不怕你交网友，就怕你没防备。记住以下"三件套"：

不随便发清晰正脸照，哪怕对方说不会乱用，我们也不能冒险。

不随便倾诉家事，不轻易情绪崩溃。把最脆弱的自己交给一个你不了解的人，是危险的。

不聊钱，不转钱，不点链接。遇到任何和钱沾边的操作，都立刻 say no。

有些人就是在等你说"我爸爸妈妈最近吵架了，我好累"。

　　他们不是想安慰你，而是想利用你。记住，你的隐私，不是谁都能知道的。

网友到底能不能交？

　　能交，但要慢交；能信，但别全信；能亲近，但不能盲目交心。

　　你们是看似亲密的网友，但不一定是真正的朋友。

　　毕竟，要成为真正的朋友，双方都需要经历更多的考验。

　　真正的朋友是这样的：

　　你不说的时候，她不会追着你问；你拒绝的时候，她会说"好，那你先歇会儿"；你难过的时候，她会陪着你，而不会拿你当谈资；你开心的时候，她替你高兴……不管是在网络上还是现实中，这样的人才值得你靠近。

宝贝们，网络友情可能很美好，但交网友必须穿上"防弹衣"。

网络上不是没有好人，只是我们无法走到网线的另一端去一探究竟。

真正的朋友不会因为你远在天边就不在乎你；真正值得信赖的人是那种哪怕你忽冷忽热，也愿意慢慢等你的人。

所以别关上心门，也别完全打开。

你可以慢慢观察，选择值得相信的人。

别着急，真心是有磁场的，你迟早会遇到那个和你同频又不利用你的人。

在那之前，如果你找不到人说话，机灵姐和灵妈永远在这里，陪你聊，陪你哭，陪你成长。

古话说："路遥知马力，日久见人心。"

时间是最好的筛子，经过时间筛选还能留下的才是珍珠。

教室里如此
热闹，而我却
像一座孤岛

吐槽大会

姐妹们，你们有没有感受过"教室里的寒冬"？

比如分组活动时，你像透明人一样被"忘"在座位上，手指无意识地抠着橡皮，假装低头看书，却一个字也看不进去。

或者课间休息时，大家聊得火热，你一靠近，他们就沉默了，空气也像被按下了暂停键一样凝固了。

最令人窒息的是，你明明没做错什么，却听到有人冷笑着说："她好装，我们别理她！"

你趴在座位上，眼泪砸在作业本上晕开墨迹："为什么被针对的总是我？"

你想告诉父母，却怕他们因为担心你而把事情闹大。

你想找老师，又担心弄巧成拙。

于是你开始怀疑自己："是不是我太无趣、太笨、太不讨人喜欢了？"

支招时间到

被孤立的时候，你可能会忍不住检讨自己："是不是我不讨喜？如果我再可爱一点儿，再热情一点儿，是不是就不会被孤立了？"

但你知道吗？被孤立不能说明你有问题，只会让他们的不真诚、不善良、不成熟和满肚子的恶意暴露无遗。

别等着被选择，主动去找真正愿意了解你的人

我们太渴望被别人选择时，就容易忽略一个事实：我们可以有很强的主动性，我们可以主动选择别人呀。

★ **你可以试着这样做**

加入一个你喜欢的兴趣社团，哪怕只是静静地做手工、画画、看漫画。

找另一个也经常独来独往的同学搭话，或许你们有相似的情绪。

哪怕暂时没找到同频的人，也别逼自己去融入一个不适合自己的圈子。

不是你变成他们喜欢的样子就能被接纳。

你只需要继续做自己，总有一个圈子会为你留座。或者，你怎么知道自己不能成为那个为别人留座的人呢？

自救小计划：让自己慢慢"回温"

每天写一小段"给自己的留言"，哪怕只是一句"今天坚持下来了"。

给自己一个"能量物件"，比如一个小挂件、一条手链，提醒自己：我正在努力。

制作一份"保护气场歌单"，在卫生间哭完之后，放一首让你想挺胸走路的歌。

有时候，你可能得不到他人的理解，那就先给自己一个拥抱吧！

宝贝，不是你不值得被喜欢，而是他们的心胸太狭小了，装不下像你这么立体又真实的人。

你知道吗？最容易被忽略的孩子往往是最敏感、最懂事、最细腻的。

也许你不善言辞、不张扬、不合群，但你在自己的小宇宙里发光发热，有着他们根本看不懂的璀璨。

所以，你不要因为不被一些人喜欢就怀疑自己的价值，更不要因为孤独就随便加入一个不适合的圈子。你应该去寻找那些能看到你全部样子的人，一定不要在半路上放弃自己。

你很特别、很宝贵，不是因为别人喜欢你，而是因为你本来就值得被喜欢。

所以呀，别把被孤立当末日，它只是命运送给你的"独立空间"，让你有机会深耕自己。

记住：独行的狼比合群的羊更威风，你的世界本就不需要那么多观众。

内向不是病，
社交不必"卷"

吐槽大会

姐妹们，你们有没有被社交"绑架"过？

比如，你本想去图书馆安静地看会儿小说，结果被一群同学拖去KTV。你一边假装点歌，一边在心里默念："我是谁，我在哪儿，我下次能拒绝吗……"

更难挨的是爸爸妈妈的批评："你太闷了，怎么和老师、同学搞好关系？"

你攥着衣角，咬着嘴唇，跟爸爸妈妈解释，你不是不愿意和人说话，只是更喜欢在让你感到放松的环境中、在聊得来的人面前表达自己。

可是，爸爸妈妈一点儿都不理解你，他们只想让你赶紧变得外向："你看看小美，多阳光开朗，多招人喜欢！"

从什么时候开始，内向成了一种需要纠正的缺点？

支招时间到

姐妹们，咱们要搞清楚一件事：

会社交不等于天生就是"社牛"，逢人就聊八卦。

真正的社交能力

会听人说话，而不是一味输出。

会共情别人，而不是强行热场。

会得体地表达，而不是表演式交流……

很多外向的人也有社交崩溃的时刻，而很多内向的人也能在安静的地方持续不断地发光。

嘘……

行动第一步：撕掉"社恐"标签

★ **真相**

爱因斯坦、J.K. 罗琳、村上春树等名人都是 i 人*。

深度思考力、创造力、共情力等都是 i 人的超能力！

★ **行动指南**

把"我社恐"改成"我擅长高质量独处"。

当别人说你太安静时，你可以微笑回应："我在观察世界。"

---

*i 人：网络用语，源自基于瑞士心理学家卡尔·荣格的心理学理论而发展起来的一种人格类型理论模型"MBTI"，"i 人"指性格相对内敛的人，"e 人"指性格相对外向的人。

行动第二步：找到适合 i 人的社交模式

★ **一对一聊天**

避开嘈杂的聚会，约一个合得来的朋友逛博物馆或书店。

★ **文字输出**

通过邮件、纸条、朋友圈长文等表达观点，比如写一篇《论 i 人在班级中的战略价值》。

★ **兴趣破冰**

带桌游、拼图到班级，吸引同频者："要一起拼千年隼吗？"

i 人社交有点儿像煲汤，小火慢炖才入味！

行动第三步：把内向变成优势

★ **案例参考**

同学 A 靠细腻观察写出爆款班级日志，被校长点名表扬。

同学 B 因性格沉稳成为老师最信任的课代表，掌管全班的"机密文件"。

你擅长倾听？恭喜你！你将成为班上同学不开心时的"首席树洞官"。

★ **行动指南**

建立"i 人互助联盟"：

找到其他性格内向的同学，定期举办"安静茶话会"——不说话，只用便签交流。

深耕"静能量"：

每天留出 1 小时用来阅读、写作或研究感兴趣的事物，比如搞懂量子力学的基本概念。

宝贝们，你们是不是觉得内向的人好像很难处理好人际关系？其实那是因为你身边的人都告诉你必须像×××那样外向。灵妈见过很多人，真正温柔、有力量、值得信赖的人，往往是那些在角落里静静观察、不张扬、不炫耀的人。

他们在热闹时不抢话，在安静时能陪伴，在关键时刻总是最靠谱的。

所以，别为了被喜欢就强迫自己融入热闹的情境，更别因为别人不懂你就怀疑自己。

有些人会说你太高冷，太难接近，其实你不是不想与人交流，只是希望交流是真诚的。

你可以不爱社交，但你要知道你是有光芒的，只是你的光芒不刺眼，但温暖、持久。

那些真正与你同频的人会安静地走到你身边，而不是大喊"你怎么还不开口"。

为什么他们能
匿名伤人，我却
只能实名崩溃？

姐妹们，你们有没有被"键盘侠"刺激得血压飙升、心脏乱跳过？

比如，你在社交平台上发了一段自己跳舞的视频，特意选了最好看的角度，还加了滤镜，结果评论区变成大型吐槽现场："别跳了，就当我求你了。""跳得像我奶奶梦游！"

你盯着这些评论，气得想打字回怼，却发现手在发抖。你不明白，对方的头像、名字看起来那么积极阳光，充满正能量，为什么却那么"毒舌"。

更离谱的是，某天你无意间刷到一条关于你的匿名帖："她爱偷东西，连文具都不放过！"你欲哭无泪：我一个连小抄都不敢带的人，什么时候变成"偷文具大王"了？

你一边眼泪汪汪地去举报，一边期待正义降临的那一刻，结果平台客服冷冰冰地回复你："证据不足，无法处理。"

这几个字刺得你眼睛生疼。你缩在床角，像一只受伤的小猫：网络平台本来是自由说话的地方，为什么现在说一句话都要先做好被伤害的心理准备？

"为什么伤害我的人可以匿名隐身，我却要用真名承受所有？"

支招时间到

"键盘侠"大多是什么人？

是躲在屏幕后面，以为匿名就可以信口开河的人。

是以为发一句"难评"就能显得自己高高在上的人。

是心情不好就向别人发泄情绪的"情绪炸弹人"。

他们不是在评价你，而是通过嘲笑你来刷存在感。

自我防御"三件套"，让你既不因被骂而崩溃，也不"内耗"

★ **学会主动屏蔽**

真的不喜欢评论区网友的评论？

那就关评论，设私密，不看也可以！

这不是逃避，而是不给"键盘侠"刷存在感的机会。

★ **截图留证 + 直接举报**

被造谣，被侮辱，别光哭，也不必一味与人争论。

截图留证并发给平台、老师、家长。

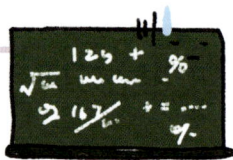

★ **建个"朋友限定安全区"**

创建一个只加信任好友的账号，这样无论是发作品、发感受，还是发日常动态，你都能更安心。

网络不安全的时候，设一个"围栏"是对自己很好的保护。

别让他人的恶意影响你对自己的定义

你是不是因为那几条评论就开始怀疑自己：

"我是不是真的不适合跳舞？"

"我是不是真的不讨人喜欢？"

姐妹，不是的。

你只是发了一条普通的视频，却遇上了一群不配出现在你生活里的网友。

就像你走在街上，有人突然朝你扔纸团、辱骂你，难道你就怀疑自己不适合出门，还活该被骂吗？

当然不是。你应该有力回击、保护自己，让他们再也不能伤害到你，顺手把那团纸和这段糟糕的记忆一起扔进垃圾桶。

宝贝，灵妈想对你说：

你只是太真实、太用心了，才会被那些带着恶意的评论伤害。

你不是扛不住，而是还没长出防弹外壳，就先被子弹打中了。

但别怕，宝贝！

像你这样的女孩，正是这个世界上最稀缺的存在——有表达欲，有分享欲，有情绪，也有光芒。

别让匿名网友决定你的价值，更别因一条评论就变成沉默的人。

你不需要删光自己发的内容，来换别人不攻击你。你要有被喜欢的底气，也要有被讨厌的勇气。只要继续认真努力地做自己，说不定有一天你会发现，屏幕那头的黑暗，早就被你点亮了。

我不是不想学，
只是和老师不太
合拍

姐妹们，你们有没有碰到过让你不太舒服的老师？

比如，老师的观念和你的差异太大："女生嘛，读读文科蛮好的！"

你的心里瞬间冒出无数句：难道男生比女生更聪明、更适合读理科吗？这事，女科学家们知道吗？

但你毕竟是学生，总是要尊重老师的，所以并没有把这些话说出口。

再比如，老师就是单纯地和你这个人不太同频。

你参照着喜欢的画师的作品认认真真做了美术作业，但老师皱着眉头看了半天："这好看吗？好花哨啊……"

你唉声叹气，心里在纠结：下次做作业时，还要按照自己的想法画吗？不画自己想画的，有点儿不甘心；但要是画自己想画的，好怕又受到这种打击……

最伤人的是那种曾经热爱、后来讨厌的落差感。比如你原本对一门学科挺感兴趣，偏偏任课老师和你不太合得来，结果整门学科都跟着"陪葬"了！

妈妈拿着试卷戳你的脑门儿："你和老师置什么气？你不想考大学了吗？"你一边哭一边吼："我讨厌的不是这门课，只是这位老师让我不舒服！"

支招时间到

姐妹们，想想看，世界上有那么多人，难道我们和每一个人都能同频共振吗？当然不是！

就像我们不会和每一个认识的人都成为好朋友一样，我们也不会和每一位老师都那么合拍，这是很正常的。

何况，老师也是普通人。

也许，有的老师观念比较陈旧，他们的观点或许会让你觉得不开心。

也许，有的老师经验不够，表达方式也不太成熟，会让你觉得有点儿受挫……

老师们也许没那么完美，但不代表他们不想做好本职工作，不想把知识好好传授给你。

遇到这种情况，你可以试试下面这几招，把主动权抢回自己手中！

第一招：把老师和学科拆分开

★　**真相**

老师只是学科世界的"导游"，"景区"才是你此行的目标，没必要因为不喜欢"导游"，就毁掉整个"景区"的游览体验！

★　**行动指南**

用半小时的时间，找出自己以前的课堂笔记、日记、试卷……认真想想，在产生"不喜欢这位老师"的情绪之前，你是不是不讨厌这门课？是不是很有信心能够学好这门课，拿下高分，甚至憧憬着以后成为这门学科的研究员？

以前，你对这门课的感觉，是跟这位老师无关的。

以后，在你升学换班之后，这门课也会有新的老师。

如果你因为和现在这位老师的"矛盾"而耽误了这门课的学习，到时候没准儿会后悔，那太不值得了！

第二招：学出成果是最厉害的逆袭

★ **真相**

学习的方式不止一种，用自己的方式学好一门课，那种感觉太棒了！

★ **经典案例**

同学 A 猛刷真题，雅思考了 7.5 分，申请到了海外名校。

同学 B 通过自学拿下全国奥赛奖，保送清华大学。

★ **行动指南**

找新"导游"：上免费网课，找到喜欢的老师和适合你的课程，感受这门学科的魅力。

挖宝藏：用学科知识解决生活中的问题。

> UP主"一数"讲题像解密，我居然爱上了函数！

> 用物理公式计算偶像剧中主角跳崖的存活概率，太有趣了！

设定"行动目标"：期末考到年级前十，让老师刮目相看。

打造"成就墙"：考试成绩每增 10 分就在墙上贴一张便利贴，上面写满励志语录。

灵妈的知心话

宝贝们，你们知道吗？

你不是第一个因为不喜欢某位老师而讨厌一门课的人，也绝对不是最后一个。

你可以不喜欢老师，但一定要记住，你喜欢这门课、喜欢探索知识、喜欢进步的权利不是老师给你的，如果因为不喜欢老师而荒废了一门课，那真的很可惜。

知识永远等着你去探索，而不会因为你讨厌老师而走掉。

所以呀，别用情绪来囚禁自己的未来，你的征途是星辰大海！

碰到不想
参加的聚会，
怎么办？

吐槽大会

姐妹们，你们有没有参加过那种大家都在玩乐，只有你想回家的聚会？

比如，大家一见面就开始疯狂聊学校八卦，你坐在角落里，默默喝着奶茶，强笑着附和："啊……真的假的……"

其实，你心里在想最近追的剧："凶手到底是谁？虽然上一集进行了案情分析，但我怎么觉得另有隐情呢？今晚的播出我还能赶上吗？"

不合群的时刻太多，你觉得自己好像来到了错误的频道。

你不是不喜欢大家，只是你对大家聊的话题、组织的活动真的没兴趣！

更尴尬的是，散场时有人还会热情地说："下次再来啊，下次我们一起去唱歌！"

你心里更纠结了："唱歌？这个活动我更不喜欢啊！"

回家路上，你一边怀疑人生，一边疯狂复盘："我是不是太无趣了？我是不是装清高了？我是不是根本不适合群体活动？"

支招时间到

如果你在一场聚会中感到格格不入，不是因为你不够有趣，也不是因为你太孤僻，而是因为你比其他人更清楚自己喜欢什么、不喜欢什么。

这是一种很酷的清醒。

学会下面这几招，遇到不喜欢的聚会时就能轻松应对。

第一招：学会拒绝

如果碰到不感兴趣的聚会，试一下直接拒绝吧。

拒绝话术

简洁直接版："谢谢你邀请我！不过我这周末想留点儿时间给自己'充电'，下次再约吧！"

早有安排版："啊！可惜我那天已经安排了好多事（家庭日、兴趣课等），下次一定加入！"

幽默化解版："不好意思，本人本周社交能量已耗尽，下次再一起玩……"

第二招：开启"社交节能模式"

也许，有的聚会氛围你实在不喜欢，但又不能不参加，那么，我建议你开启"节能模式"。

掌握话术

被问成绩时，你可以说："马马虎虎，比上次进步了！"（万能废话文学）

被催考证时，你可以说："你要小心拔苗助长哟！"（严肃脸）

被迫表演节目时，你可以说："我最近在研究量子物理，要不给大家讲讲？"（瞬间冷场）

行动指南

点头、微笑、嗯：这三招连用可以应对所有问题。

狂吃零食：把嘴占住就不用说话啦！

姐妹们，不合群并不代表你很失败，这只能说明你有自己的思考、兴趣，你是一个很擅长与自己相处的人。这一点可是很多大人都做不到的哟！

第三招：认可自己

　　不合群不是有问题，只是频道不一样。

　　每个人都有自己独特的兴趣，比如有的人喜欢看小说、聊八卦，而有的人喜欢看书、听歌……

　　有些兴趣比较大众，有些兴趣比较小众。你和别人聊不来，这不代表你奇怪，只是你走在一条不一样的路上而已。

宝贝，你没有为了加入一个小圈子而跟风、应和，而是忠于自己的节奏，这是成熟而非"社恐"的表现。

你不需要融入任何圈子来证明你是好相处的女孩。

真正合拍的人会在你说"我最近喜欢研究星星"时眼睛一亮，然后说："我也是！"

你不需要强迫自己合群，你自己就可以创造一个天马行空、精彩万分的"专属频道"。

所以，不用在意现在的尴尬时刻，你只是还没到达属于自己的"主场"。

拒绝"有毒"的
关系！

吐槽大会

姐妹们，你们有没有经历过那种"迷惑时刻"？

比如，和你一起回家的同学每天都向你抱怨各种事，你听得"压力山大"，想聊点儿开心的事，但她话题一转，又开始说："烦死了……"

难道你是她的"情绪垃圾桶"吗？

或者，你和一个有趣的同学聊天，被他的话逗得哈哈大笑，没想到他的下一句就变成了："腿那么粗，还穿短裙？快换掉，我是为你好！"

难道贬低你会让他看起来更酷吗？

你捧着碎成渣的心问自己：为什么沟通会伤人？为什么和有些人说话就好像吃了一颗毒气弹？

到底要怎么避开这些令我们感觉超糟糕的关系呢？

支招时间到

　　有时候，和有些人相处会消耗你的情绪、精力，甚至让你变得自卑、情绪失控，更要命的是，这些关系可能披着友谊、关心甚至崇拜的外衣，就像包着亮闪闪糖纸的毒气弹，会伤害你的自我认知和心理健康。

　　对青春期的女生来说，学会识别"有毒关系"非常重要！

这些都是有毒的关系

★　**消耗型关系**

　　永远的单向输出　对方只在需要倾诉、抄作业或帮忙时才找你，但当你需要支持时，对方总是敷衍。

　　情绪垃圾桶　对方长期向你传递负面情绪，比如抱怨、贬低他人，和她相处后，你总觉得疲惫压抑，像被"抽干能量"。

★ **控制型关系**

干涉选择　对方常对你说"你不许和 ×××玩""你这件衣服好土，快扔了吧"……常常用"为你好"的名义干涉你的私人事宜。

情感绑架　"如果你真把我当朋友，就该听我的！""你不跟我去逛街，是不是不想跟我玩了？"

孤立倾向　对方有意无意地让你疏远其他朋友或家人，想变成你唯一的"重要他人"。

★ **贬低型关系**

隐形攻击　对方经常用玩笑包装对你的贬低，"你好笨啊，也就我能忍你了""你干啥都不行，还好我不嫌弃你"。

过度比较　对方总强调自己比你优秀，让你仰望他。

否定感受　当你表达不安时，对方说"你想太多了""这么'玻璃心'干吗"；当你表达喜悦时，对方说"这有什么可高兴的，大惊小怪"。

★ **不稳定关系**

忽冷忽热 对方今天和你亲密无间，明天却毫无理由地变冷漠，让你陷入自我怀疑："是我做错什么了吗？"

情绪起伏 对方总会突然变得暴躁／愤怒／冷漠，让你不明所以，只能揣度对方的心思。

★ **危险型关系**

强人所难 要求你做你不想做的事，哪怕你已经拒绝了，对方依然坚持，并且觉得你被迫妥协的样子很好玩。

胁迫行为 "你不跟我去这个景点，我就不跟你去旅游了！""你跟我绝交，我就把你的秘密告诉×××！"

如何告别有毒的关系?

认可自我价值：告诉自己"我很好，我接纳自己的不完美，我值得被尊重，我不依赖别人对我的认可，我值得拥有让我舒适的关系，我欣赏自己不妥协、会选择、懂拒绝的样子，我不害怕做出改变"。

练习拒绝话术："你刚才的话让我不舒服，以后不要再说了""没关系，我们可以有分歧，你想去的话可以自己去，我就先回家了"。

用故事引导：通过电影或小说，和对方讨论健康的关系，积极引导这段关系向好的方向发展（推荐《青春变形记》《头脑特工队》）。

灵妈的知心话

宝贝们，灵妈先给你们一个大大的抱抱！

碰到不合适的人，在沟通中被否定、被伤害，进而觉得自己不好，这些都太正常了！

别自责，别否定自己，这不是你的错！

其实，你们从小听的故事里就藏着交友标准，比如：值得成为灰姑娘的朋友的人，是希望她更美丽自信的仙女。

会有人觉得吸走她的能量、对她冷嘲热讽的姐姐是她的朋友吗？

所以，对方是否让你觉得舒服、安全、开心，是否能让你自由地思考、尽兴地表达，才是一段关系里最重要的事情。

如果有一天你发现，对方让你难过的次数比开心的次数还要多，那你可以告诉自己：这不是我的问题，而是对方不值得深交！

不是我太情绪化，
是有人不懂尊重！

吐槽大会

姐妹们，你们有没有遇到过那种处于"素质盆地"的人？

比如，你在地铁上戴着耳机听歌，旁边的大叔外放"土味"视频："来嘛来嘛，一起摇摆！"

你鼓起勇气小声说了句："叔叔，可以把声音调小一点儿吗？"

结果他回你一句："嫌吵就别坐地铁啊，去打车！"他说完还顺便点了下一段视频。

又如，同桌趁你去卫生间的时候翻看你的日记，你回来后，她还一脸无辜地说："哎呀，就随便看看嘛！怎么，你的日记有毒啊？"

你内心已经开启紧急预警模式："现在报警还来得及吗？"

更气人的是，你忍着怒火想维持体面，对方却变本加厉："哎呀，我开玩笑而已，你怎么这么小气啊？你这种性格，以后不好和人相处哟！"

你默念："要讲素质，要做文明中学生，要优雅……"

但内心疯狂加载弹幕："文明人今天要爆发了！！！"

支招时间到

姐妹，你不是不讲理，只是这个世界上总有人用"玩笑""小气""你太敏感"做挡箭牌，在你头上"蹦迪"，还要求你微笑鼓掌。

你完全可以，也应该说一句："这个玩笑我不觉得好笑，请你别再说了。"

这是分寸，不是情绪宣泄；你是在设界限，不是在闹脾气。

第一招：平静地直视，让对方破防

大家记住，礼貌是武器，冷静是铠甲！

记得练习"死亡凝视"，每天对着镜子练习 3 分钟，眼神会越来越坚定。

★ **场景教学**

遇到有人插队，你可以盯着对方的眼睛："请问您是不是站错位置了？"（音量提高 30%）

受到嘲讽时，你可以歪头微笑："你刚才的话很有意思，能再说一遍吗？"（打开手机录音）

第二招：学会精准反击

★ **话术仓库**

阴阳怪气版："您的素质挺'复古'的，您是从清朝穿越来的？"

直接版："未经允许翻别人的东西属于侵犯隐私，建议你重修思想品德课。"

升华版："尊重是相互的，你不懂的话，我可以教你。"

第三招：借力打力，召唤正义

★ **高阶策略**

打饭被插队时，你可以大声问："有人愿意帮我维持排队秩序吗？"（通常会有正义之人出手）

课间被偷笔，你可以直接找班主任："建议安装监控设备，毕竟小偷可能不只偷了我的东西。"

网上被辱骂，你可以直接@对方领导或老师："请问贵公司（学校）允许员工（学生）公开辱骂未成年人吗？"

你可以情绪化，但别为情绪所困，变成你不想成为的人。

灵妈的知心话

宝贝，灵妈知道你刚刚又忍下了怒火，又体会到了那种"我已经给了你面子，你却当我没脾气"的无力感。

你不是爱计较，只是比很多人更清楚什么可以说，什么不该碰。

但你也要记住，有教养并不代表你要一再退让。

你完全可以说："我不喜欢你这样说话。"

你也可以不笑，不理，不回应。

你不是非要做一个好相处的女孩才会被人喜欢，也不是不生气才算懂事。

你可以有情绪，可以反驳，即便一时没说出口，也别"内耗"，别怪自己太敏感。

记住一句话：善良要给配得上的人，文明不等于忍气吞声。

你不需要做让每个人都喜欢的乖乖女，只要做一个保护好自己的女孩，就已经很了不起啦！

第五章

我正在学习
学习方法，
勿扰！

爸爸妈妈，
你们说的"你只要
认真学就行"，
太敷衍啦！

吐槽大会

姐妹们，你们有没有经历过那种"学习绝望"时刻？

明明熬夜刷题到凌晨，数学卷子上依然一片红叉。

英语单词背了又忘，做听力题像听外星人通话。

物理课上老师讲得眉飞色舞，你的眼睛死死盯着黑板，眼神却逐渐涣散……

爸爸妈妈的"经典语录"更是火上浇油："你就是不认真！"

"别人能学会，你怎么就不行？"

你攥着试卷躲在被窝里哀号："难道我天生是学渣吗？"

你甚至开始怀疑："是我脑子缺根筋，还是智商充值失败？"

更令人窒息的是，每次想和爸爸妈妈聊聊自己为什么没考好，他们总会甩出一句："别找借口，多用功就行！"

你内心咆哮："苍天啊！我连用功的方向都找不到啊！"

支招时间到

姐妹们，别着急，先深呼吸一下。

我们不是学不会，也不是笨，而是没人教我们怎么学。

学走路之前都要扶着墙，才能找到双腿发力的技巧，学习知识更需要技巧，更得慢慢摸索了。

第一步：撕掉"学渣"标签

爱因斯坦小时候发育迟缓，后来成了伟大的物理学家；J.K. 罗琳被退稿 12 次，最终写出"哈利·波特"系列。

你学不会，可能是方法不对，而不是脑子不行！

所以别再死记硬背了，先搞清楚你不会的到底是哪一环。是搞不懂概念，还是题太难，抑或根本没听懂老师在讲什么。

找到那个"掉链子"的环节，就能对症下药，不再抓狂！

第二步: 确定你的"学习人格"

★ **视觉型选手**

用荧光笔把重要知识点涂成彩虹色。

画思维导图, 把历史事件连成明确的时间线。

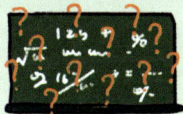

★ **听觉型选手**

把课文录成音频, 洗澡时循环播放。

用听写类 App 默写单词, 错误率直降 50%!

★ **动手型选手**

用橡皮泥捏出细胞结构, 边玩边记。

用积木搭各种几何体, 秒懂几何体的体积公式。

举个例子

背不下来《出师表》? 试试改编成 rap 唱出来:

"先帝创业未半而中道崩殂, Yo! 今天下三分, 益州疲弊, 此诚危急存亡之秋也。Yo! ……"

第三步：把目标当成"芝士蛋糕"，切成小块

如果你的大目标是期末数学考90分，当然会"压力山大"了。不如把大目标切分成一个个具体可行的小目标。

小目标清单

周一至周三：每天复盘2道错题，重新做，直到做对。

周四：整理公式口诀，如"奇变偶不变，符号看象限"。

周五：奖励自己看一集综艺、喝一杯奶茶。

小目标就像切好的芝士蛋糕，一口一口吃，甜而不腻！

灵妈的知心话

宝贝，学不会或许不是你不努力，而是你太努力，只是方式不对，努力就会白费。比如：

熬夜硬扛，第二天脑子变成"豆腐渣"。

刷题上瘾，题目都做完了，知识点一个也没记住……

努力，不是一天一天地把时间累加起来，而是要在理解的基础上走下去。

所以，宝贝啊，你不是学不会，只是还没有找到合适的方法和节奏。你比你想象得更聪明，也值得被耐心对待。

下次你累了，学不动了，不用硬撑，不用假装自己还行，可以跟爸爸妈妈说一句："我今天有点儿失落，你们能听我说说吗？"

成长路上，你不是一个人在奋斗，家人和朋友都在你身边陪着你，帮你慢慢把那些"不可能"变成"可能"。要知道，学习是一场马拉松，找到自己的节奏比盲目向前冲更重要！

学霸们到底偷偷
吃了什么
"开窍药"？

吐槽大会

姐妹们，你们有没有怀疑过学霸是时间管理大师？

他们既刷题、背单词，又上网课、写作业，却早早就睡觉了，成绩还稳居年级前列；而你光是写作业就写到了半夜，黑眼圈重得像大熊猫，成绩却像心电图，忽高忽低！

你盯着学霸的笔记上那工整的字迹哀号："他们是不是每天有 48 小时？还是偷偷吃了'记忆面包'？"

更扎心的是，爸爸妈妈总说："人家能平衡好玩耍和学习的时间，你怎么不行？"

你心想：我连睡觉时间都被"平衡"没了啊！

某天，你鼓起勇气问学霸秘诀，他轻飘飘地说了一句："就随便学学啊。"

你瞬间崩溃了："我要举报你凡尔赛＊！"

＊凡尔赛：原指法国巴黎西南郊的一个城市，欧洲著名宫殿凡尔赛宫就坐落于此。作为网络用语，"凡尔赛"指那些表面上看起来很低调、谦虚，实际上很高调、自恋、自大的人，或者指那些故意用隐晦、含蓄、委婉的方式来炫耀自己的优越、幸福、成功的行为。

支招时间到

醒醒，姐妹！这个世界上根本没有学习轻松、时间多多、成绩稳定的魔法少女，就算是学霸，也不是每天都神采奕奕、题题都会、时间用不完！

其实，学霸不是超人，只是更懂得管理时间，把 24 小时用出了 48 小时的效果。

学会下面这几招，你也能成为时间管理大师！

第一招：把碎片时间利用起来，给时间"贴标签"

时间就像海绵里的水，挤一挤总是有的。

课间 10 分钟

背 5 个单词和 1 个公式（写在手心随时瞄）。

将"错题便利贴"贴在水杯上，喝水时顺便复习。

公交车上 20 分钟

听历史考点音频。

用 App 刷 10 道选择题（正确率达到 80% 就奖励自己听歌）。

睡前 15 分钟

复盘今日错题，用红笔记下这次做错的原因，立志下次不再错。

第二招：给大脑订购"充电套餐"

来，我给你介绍一下学霸的秘密武器。

★ 番茄工作法

每 25 分钟为一个"番茄钟"。学习 25 分钟就休息 5 分钟，可以做运动拉伸或发呆。每完成 4 个"番茄钟"，奖励自己放松 10 分钟。

★ 黄金记忆时段

早上 6 点到 7 点：背课文。此时大脑经过睡眠后重启，进入记忆黄金时段。

晚上 9 点到 10 点：记公式。睡眠助记，效果加倍。

★ **运动充电**

课间去操场跑 2 圈，可以刺激多巴胺的分泌，激活脑细胞。

晚自习前跳 10 分钟健身操，提神效果比咖啡强。

有些人懂得提前安排，有些人边学边补救；有些人做题快，有些人理解慢。不管怎样，都要记住：起点不同，节奏不同，不代表终点就一定不同。

灵妈的知心话

宝贝们，真正的学霸不是拥有更多时间，而是更会管理时间。

千万别用疲惫换分数，你的身体和大脑都值得被温柔对待。会管理时间的人，往往才会赢到最后。

学习就像马拉松，不是比起步快，而是比谁能坚持到最后。别因为别人跑得稳，就觉得自己跌跌撞撞不值得鼓励；别因为自己暂时落后，就觉得自己没有希望了。你的努力，不需要谁来认证。哪怕你现在写作业慢一点儿，知识点记得没那么牢，成绩也起起伏伏，但只要没有放弃自己，你就赢了一半。

家人和朋友会永远站在你这边，不是因为你成绩有多好，而是因为你愿意对自己说"我还想试试"——这，就是最棒的你！

不是我不努力，
是手机抢走了
我的注意力！

吐槽大会

姐妹们，你们有没有遭遇过"手机绑架案"？

比如，打开作业本5分钟，摸手机10次；发誓"只刷5分钟短视频"，结果2小时后还停不下来；明明设置了"学习模式"，却忍不住疯狂点"再玩5分钟"……

你痛心疾首："我和手机就像一对虐恋情侣，既分不开，又互相伤害！"

爸爸妈妈怒吼："没收手机！"

你绝望地哀号："没有音乐怎么写作业啊！"

更崩溃的是，你每次想戒手机时，总会收到精准推送："再不刷就错过新歌首发了！"

你躺在床上哀叹："难道我这辈子注定被手机控制了吗？！"

支招时间到

唉，我都明白。不是你不想学，而是手机的魅力太大，你很难放下。

但别急，我们现在就来学习该怎么把注意力收回来。

第一招：功能分割术，给手机 App 分配角色

学习搭档 App

下载计时 App 设定学霸模式；

在收藏 App 里放好知识点音频，如历史大事记 rap 版、化学元素周期表神曲等。

娱乐休闲 App

把游戏、短视频 App 全部藏进文件夹，并给文件夹命名"黑洞勿点"。关闭所有非必要的推送。

工具助手 App

闹钟铃声设成激昂的歌曲，起床堪比战场冲锋。用备忘录写"鸡汤"，比如，"多做一道题，成绩会升级"。

第二招：设"手机冷静期"

锁机大法——物理隔离

写作业时将手机放在客厅，完成目标后才能与它"见面"。

用透明盒子装手机，贴上"解锁须背 20 个单词"的封条。

直接将手机当成摄像机，记录下你学习的过程。

奖惩机制

破戒一次，罚自己抄写一篇文言文。连续三天达标，奖励自己看剧两集。

第三招：培养新爱好

替代方案

用纸质书替代小说 App：选一本名著，每读完一章，玩手机 10 分钟。

用手账本替代社交媒体

记录每日"小确幸"："今天解出几道数学大题，还买了喜欢的东西！"

用线下兴趣班替代游戏

报名陶艺课，捏泥巴的成就感比王者五杀＊还让人兴奋！

＊王者五杀：指在《王者荣耀》游戏中取得单人击败对方全队的成就。

灵妈的知心话

宝贝，灵妈知道你不是不想好好学习，而是这个世界上有太多事情在争抢你的注意力。

手机很方便，也确实能带来很多快乐，但它也可能把你的时间、注意力和信心一点点偷走。

手机不是坏东西，但你需要对自己说："我现在先做重要的事，等会儿再玩手机。"

你不需要完全戒掉手机，只需要一步一步地把选择权拿回来。哪怕今天只坚持了 10 分钟，那也是前进了一小步。灵妈相信你，也会和你一起，慢慢变得更专注。要知道，变得专注不是屏蔽了世界，而是重新找回了属于自己的节奏。

你要控制手机，而不是让手机控制你！

平时是王者，
考试变废铁？
崩溃了！

吐槽大会

姐妹们，你们有没有经历过关于考试的 bug？

比如，平时作业全对，一到考试就手抖算错数；明明天天复习到凌晨，看到试卷却像得了失忆症……

你攥着满是红叉的卷子，眼泪在眼眶里打转："难道我平时是王者，考试时就成了废铁吗？"

爸爸妈妈还"补刀"："你的心理素质太差了！"

你内心崩溃："我也想淡定啊，可是心跳声太响了！"

更扎心的是，学霸同桌轻飘飘地说了一句："考试而已，至于吗？"

你气得想掀桌子："你懂什么？我是真的紧张到拉肚子了！"

支招时间到

姐妹，不是你不行，是考试焦虑在搞事情！

这种焦虑不是"我要放弃"的那种绝望，而是你太想考好，结果越想越慌，一不小心就陷入了"内耗"的怪圈！

咱们可以把考试焦虑想象成"考前限定小怪兽"，并把它打败！

第一步：给焦虑写"体检报告"

自测清单

身体焦虑
手抖、出汗、胃痛、频繁上厕所

心理焦虑
总想"考砸了怎么办""别人会不会笑话我"

行为焦虑
疯狂刷题到失眠，或彻底摆烂不复习

★ **行动指南**

写"焦虑日记"：

"今天担心数学考不好，具体怕哪道题不会做？"

"如果考砸了，最坏的结果是什么？天会塌吗？"

用"478 呼吸法"急救：

吸气 4 秒→屏息 7 秒→呼气 8 秒，循环 3 次。（亲测有效）

第二步：把考场当游戏副本，来一场轻松的考试

★ **平时模拟考试，让自己在正式考试时不紧张**

在家限时做题，穿校服，设闹钟，沉浸式考试。

请爸爸妈妈扮演监考老师，增加压迫感。（慎用）

★ **升级考试装备，让自己处于最轻松的状态**

带幸运文具，比如考试专用笔，笔帽上刻"逢考必过"。

穿舒适的衣服，拒绝勒肚子的裤子，以免影响发挥。

★ **遇到考试 BOSS *时在心中默念台词**

遇到难题时默念："此题暂时跳过，待会儿回来秒杀！"

交卷前检查时哼唱："听我说谢谢你，因为有你，做对选择题！"

第三步：考后复盘仪式

奖励自己

哪怕进步 5 分，也值得买一杯奶茶庆祝。

考砸了？允许自己哭半小时，然后吃顿火锅，下次更努力！

拒绝摆烂

分析错题：粗心？没看懂题？时间不够？

写改进计划：下次做计算题验算两遍！

清除"黑历史"

搞定所有错题之后，把试卷折起来整理好，放进课桌抽屉里，关进"小黑屋"。或用碎纸机将其碎成雪花，扔进垃圾桶："烦恼退退退！"

忘记考砸这件事，然后信心满满地重新出发吧！

---

* BOSS：指游戏中极难击败的怪物。

灵妈的知心话

宝贝，灵妈真的懂你在考前紧张到快要爆炸的感受。

就像坐在一辆过山车上，你明知道应该冷静，可越告诉自己别慌，反而越慌。

很多时候，你不是能力不够，而是太在乎、太想考好，所以才会失常。

你不是"玻璃心"，而是太想赢，所以才会怕输。

考试确实很重要，但它永远无法定义你。你是那个在成长路上努力发光的女孩，是那个一边害怕一边咬牙坚持的女孩，这份坚持就已经很了不起了！

所以啊，别因为一次考试失误就觉得自己完了，也别因为别人一句轻飘飘的"至于吗"就怀疑自己。你有权利紧张，也有能力通过练习学会坦然面对它。

在压力面前，站得住；在失败面前，不放弃；在坏情绪来临时，温柔地照顾自己。

要经常对自己说："我已经很棒啦！"

记住，你比分数重要一万倍！

现在回头看看，那些让你失眠的考试，不过是成长路上的小土坡。

所以呀，别把分数当作判决书，它只是帮你发现漏洞的小助手。

人生规划？
我连周末干吗都
没想好！

吐槽大会

姐妹们，你们有没有被"灵魂考问"逼到崩溃边缘？

逢年过节，亲戚们见到你就问："喜欢文科还是理科呀？""以后考什么大学啊？""有没有想过将来做什么工作啊？"

你只想仰天长啸："我连晚饭吃什么都还在纠结好吗！"

爸爸妈妈更是火力全开型"职业推荐机"："当医生多体面！""考上编制最稳定！""现在人工智能火，学这个专业！"

你每天不是被建议，就是被拿来比较，而你的脑子已经进入循环报错状态："我是谁？""我在哪儿？""我怎么能预料未来会从事什么职业？"

老师让大家写人生规划书，你在书桌前坐了整整 10 分钟，纸上仍是一片空白。

不是你不想写，而是你真的不知道自己喜欢什么、擅长什么、适合干什么。

那一刻，你突然很想问："如果我一直不知道自己想要什么，是不是就废了？""我这种没有目标的人，是不是注定一事无成？"

支招时间到

别慌！迷茫是青春的常态。

青春期的我们还在长身体、长经验，想法更是时刻在变，这个阶段最常见的状态不是目标清晰，而是迷茫无措。

学会下面这几招，让自己不再迷茫。

第一招：允许自己不知道

★ **真相**

比尔·盖茨上大学后才找到人生方向。

J.K. 罗琳 30 岁还领着救济金在写《哈利·波特》。

你的迷茫其实是探索的起点。

★ **行动指南**

列出所有你感兴趣的事情，哪怕有点儿离谱：

当动物园饲养员。

去南极进行科学考察。

开奶茶店，每天推出新口味的奶茶。

第二招：用小目标试错

★ **低成本探索**

对摄影感兴趣？先用手机拍100张照片，发朋友圈求点评。

想当作家？每天写500字的随笔，投稿给校刊。

画重点

允许自己只有三分钟热度，因为多尝试才能发现真正热爱的事情！

第三招：收集"人生样本"

★ **访谈计划**

问学长、学姐："大学里最有趣的专业是什么？"

问职场人士："如果重来一次，你会选择这份工作吗？"

问偶像："你18岁时焦虑吗？在焦虑什么？"

不过，别人的回答只能参考，不是标准答案。要知道，每个人都有自己的节奏，有人18岁就知道自己未来要干什么，有人28岁才找到人生方向。

你现在迷茫，只是因为你正在成长为那个会发光的人。

灵妈的知心话

宝贝们，灵妈小时候也以为越早做决定，人生就越稳。

后来我才明白，有时候正确的方向是在一次次试错中找到的。

我现在的工作、生活方式都不是小时候的我能够想象的，正是因为我做过很多尝试，才一步步走到了现在。

宝贝，灵妈想告诉你：

人生像一张白纸，你可以一边走，一边画；可以边试错，边修改。迷茫不代表失败，而是你正在认真思考人生的证明。

别急，别慌，你会一步步靠近答案。人生是旷野，你可以奔跑，也可以散步！

拜托，兴趣不是
KPI，热爱不能
"被安排"

吐槽大会

姐妹们，你们有没有经历过兴趣班的"地狱循环"？

周六早上 8 点被拖去上钢琴课，老师盯着你弹错音的双手叹气。

周日下午上奥数班，你对着天书一般的几何题眼神呆滞。

寒暑假就更别说了，书法、编程、游泳等课程排满日程表，连发呆都成了奢侈品！

最令人窒息的是，当初你明明是被哄进兴趣班的，爸爸妈妈还说："你喜欢就学，不喜欢可以停。"结果你才学了一年，他们就换了台词："钱都交了，你得坚持！快考级了，不能放弃！"

你看着琴谱上那些蝌蚪一般的符号，在心里哀号："我只是想弹一首歌装装酷，为什么要背巴赫的《平均律钢琴曲集》啊？！"

更崩溃的是，当你鼓起勇气说不想学了，爸爸妈妈立刻变脸："半途而废像什么样子！别人家的孩子都会十八般武艺！"

你忍着眼泪练琴："我的兴趣怎么成了你们的 KPI？！"

支招时间到

兴趣不是枷锁，而是探索自我的钥匙。

上兴趣班应是自愿的，而不是为了练一身才艺来证明爸爸妈妈的钱没白花。

试试下面这些方法，说不定能夺回"兴趣主权"！

第一步：分清真兴趣和假喜欢

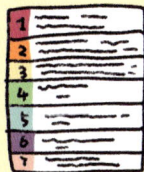

★ **灵魂考问清单**

练琴时：你是享受流淌的旋律，还是数着秒等下课？

看到画笔时：你是手痒想创作，还是因又要交作业而头疼？

上编程课时：你是沉迷于代码逻辑，还是随便应付？

★ **行动指南**

◎画"兴趣心电图"

每天记录上课前后的心情变化，比如：钢琴课前一小时胃痛到想吐，下课后如释重负。这是受折磨，不是有兴趣！

漫画社活动前兴奋得搓手，结束后还想再画两小时。这是真爱！

◎给兴趣打分

用 1~10 分评估每个兴趣的快乐值，低于 3 分的兴趣直接忽略！

第二步：用必胜话术和爸爸妈妈谈判

错误示范

"我就是不想学！你们根本不懂我！"（引发家庭大战）

正确操作

数据开篇："爸爸妈妈，这是近 3 个月我的'兴趣心电图'，钢琴课的平均快乐值是 2 分，编程课是 6 分。"（用事实说话）

共情铺垫

"我知道你们是为我好，省吃俭用供我上兴趣班。"（态度温和）

精准提案

"能不能停掉钢琴课，把时间用来专攻编程？我保证下个月做出一个学习小程序！"（给出具体方案）

利益绑定

"如果我在编程比赛中拿了奖，奖金全交给你们当'教育基金'！"（双赢策略）

画重点

你越真诚、越主动，爸爸妈妈越有可能松口。

第三步：给兴趣做减法

★ **"断舍离" 指南**

◎ **砍掉 "僵尸" 兴趣**

对奥数深恶痛绝？用成绩证明换赛道更高效："这次月考数学我考了 90 分，但奥数只考了 40 分，说明我不适合学奥数！"

◎ **保留真正的兴趣**

哪怕每天只练 10 分钟钢琴，在自己喜欢的旋律里开心自在，也比硬撑 2 小时枯燥的练习强。

"我就爱弹《七里香》，钢琴考级曲目再见啦！"

◎ **开发新兴趣**

参加学校的社团：

昆虫社：观察蚂蚁搬家也能学到科学知识。

辩论社：辩论技能提升，遇到不讲理的人 battle 都有理有据！

真正值得坚持的事情，不是你被逼着做的，而是你愿意每天做的。

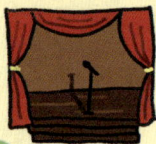

灵妈的知心话

曾经我也给机灵姐报过一堆兴趣班，比如：钢琴班——觉得女孩子会弹钢琴很优雅；芭蕾班——觉得跳舞的孩子体态好，气质也特别棒；网球班——觉得打网球能强身健体、增强毅力。

刚开始她觉得挺新鲜，可慢慢地，她练琴时开始偷懒，上网球课总想请假，芭蕾课上到一半就说脚痛不想跳了。

那时候我不理解她，以为她只是意志不够坚定。直到有一天，我看见她在钢琴前一边掉眼泪一边弹，嘴里还小声说："我真的不喜欢……"

那一刻，我的心好像被针扎了一下。我才明白，也许不是她不努力，而是我根本没有倾听她的心声。

有时候大人给你报兴趣班，不是为了控制你，而是希望你不要输在起跑线上，希望你将来拥有更大的选择权。

他们只是常常忘了问你一句："你快不快乐？"

你也可以学会为自己的快乐发声，不用担心爸爸妈妈不理解。你正在长大，而他们也在慢慢学会放手。你们一起一边试错，一边成长。

兴趣试验清单

在这里记下来你想尝试的事吧！

人生是你的游乐场，记得
享受每一份小快乐哟！

机灵姐想对你说

姐妹们：

如果上一册是我们身体上的成长大冒险，那这一册简直就是情绪上、亲子关系上、友情上、学习上的全方位大闯关！

写完这一册，我只有一个感受：青春期真的不是闹着玩的！

我被爸爸妈妈的"经典语录"轰炸过，也在"友情修罗场"里失眠过；为了成绩焦虑过，也自我怀疑过；还被手机控制得头疼不已过……

但你知道吗？这些快要撑不住的瞬间都没有打败我，反而让我更懂自己，更坚定了前行的方向！

你也一样，熬过这些快要撑不住的瞬间，你也会慢慢成长，比如：你会学到和爸爸妈妈谈判的技巧和方法；会看清友情的本质不是谁陪伴最久，而是谁最真心；明白喜欢别人没错，但更重要的是先喜欢自己；还会发现原来自己不是不努力，而是应该换种方式去努力……

如果你正在经历青春期的某个崩溃瞬间，别怕，我们都一样，你并不孤单。你是正在长大的"主角"！

青春期虽然很烦，但也很燃。

我们的宣言，总结起来就是一句话：只要青春，不要烦恼！相信我们都能闯出自己的天地！

加油呀！

永远和你一起吐槽、一起成长的机灵姐

灵妈想对你说

亲爱的宝贝们：

　　从上一册的身体变化、外貌焦虑，到这一册的心理疏导、情绪管理、自我认同，我们一起走过了青春期最混乱、最难搞，但也最重要的那些时刻。

　　每一个章节的内容，可能都是你青春期的真实写照。

　　你哭过、委屈过、焦虑过，也偷偷在深夜想过"我是不是不够好"。但灵妈想告诉你，这些烦恼不是你的错，而是你正在变强的证据。

　　这两册书不是答案本，而是成长共鸣记录；不是教科书，而是情绪疏导指南；不是标准，而是写给每一个女孩的青春期自救手册……

　　希望你读完后能轻轻说一句："原来不是我太奇怪，而是成长本来就会痛。等到痛感消失，我会变得更坚定、更强大！"

　　青春期的你，也许常常被贴上"敏感""叛逆""难搞"

等标签，但在灵妈眼里，你是一个努力梳理情绪、勇于寻找自我、勇敢成长的闪光的女孩！

最后，灵妈想和你一起说一句青春期专属宣言：我们只要青春，不要烦恼！

成长路上，我们一起熬，一起笑，一起发光！

永远愿意聆听你心声的灵妈

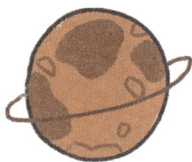